Albert Bichler
Mit Fotos von Lisa und Wilfried Bahnmüller

Feste und Bräuche in Bayern

im Jahreslauf

J. BERG

INHALT

»Es muss feste Bräuche geben«, erklärt der Fuchs dem kleinen Prinzen in dem gleichnamigen Buch von Antoine de Saint-Exupéry. Und als der kleine Prinz fragt: »Was heißt fester Brauch?«, antwortet der Fuchs: »Es ist das, was einen Tag vom anderen unterscheidet, eine Stunde von der anderen ... Sonst wären die Tage alle gleich.«

Feste und Bräuche bringen Farbe in unseren Alltag, in unser Leben, sie schaffen Höhepunkte, durchbrechen die Eintönigkeit und schaffen dadurch eine Rhythmisierung, den notwendigen Wechsel von Zeiten der Arbeit und der Muße. Sie begleiten uns durch das Jahr, sie strukturieren die Zeit, die nicht stehen bleibt und begrenzt ist, und sie prägen unser Leben. Sie geben uns Halt, gerade an den Schnittstellen unseres Lebens. Das unterscheidet Bräuche von Folkloreveranstaltungen: Bräuche haben meist religiöse Wurzeln und gehen über alles Oberflächliche hinaus und erschließen uns erst den Sinn der Feste im Jahres- und Lebenskreis.

Bräuche geben uns das, was heute inmitten einer globalisierten, überwiegend erfolgsorientierten Welt von so vielen vermisst wird: Sie schaffen Geborgenheit und Vertrautheit im heimatlichen Raum, in seiner Kultur und Tradition. In einer Zeit, in der die Ferne oft vertrauter ist als die Heimat, in der Kinder bereits genaue Ortskenntnisse von den Malediven und von Thailand haben, schaffen Feste und Bräuche ein Gegengewicht zur Wurzellosigkeit und Vereinsamung des Einzelnen. Der Theologe Martin Seidenschwang hat es so formuliert: »Brauchtum kann Einsamkeit, Beziehungslosigkeit und Gleichgültigkeit der Menschen durchbrechen und ihren Alltag zu einem Fest werden lassen.« Und dazu will dieses Buch seinen Beitrag leisten.

Bayern ist stolz auf sein in Jahrhunderten gewachsenes Brauchtum, in dem seine Wurzeln, seine Kultur und Geschichte sichtbar und erlebbar werden. Der begrenzte äußere Rahmen des Buches machte es erforderlich, bei der Darstellung eine inhaltliche Auswahl und Beschränkung vorzunehmen, was angesichts des vielfältigen, traditionellen Brauchtums in Altbayern, Schwaben und Franken nicht immer leicht fiel.

Das Buch verzichtet auf den wissenschaftlichen Apparat mit Fußnoten, um nicht die leichte Lesbarkeit zu beeinträchtigen. Sein Ziel ist es, durch Wort und Bild Interesse und Verständnis für viele alte und neue Bräuche zu wecken und über ihren Sinn und Ursprung und ihre regionale Ausprägung zu informieren. Vor allem aber möchte es zum Mitmachen und aktiven Mitfeiern einladen und so Lebensfreude wecken, das ganze Jahr hindurch, von Neujahr bis zu Silvester.

Ostern 2012 *Albert Bichler*

JANUAR

Januar. Monatszyklus von Stephan Kessler (1672), ehemaliges Kloster Benediktbeuern

Der Januar ist im gregorianischen Kalender der erste Monat des Jahres. Er ist nach dem römischen Gott Janus benannt, der der Sage nach zwei Gesichter hatte. Ein Gesicht blickte zurück, eines nach vorne. Im römischen julianischen Kalender war der Januar der elfte Monat. Seit dem Jahre 45 v. Chr. ist der Jahresanfang auf den 1. Januar festgelegt. Im Jahre 1691 akzeptierte die Kirche den römischen Jahresbeginn.

Namenstage

6. Januar: *Kaspar, Melchior und Balthasar*
8. Januar: *Erhard*
20. Januar: *Sebastian*
21. Januar: *Agnes*

Bauern- und Wetterregeln

Die Neujahrsnacht still und klar,
deutet auf ein gutes Jahr.

Morgenrot am Neujahrstag
Unwetter bringt und große Not.

Die Heiligen Drei Könige bauen
eine Brücke oder brechen ein.

Ist der Januar hell und weiß,
wird der Sommer sicher heiß.

An Fabian und Sebastian (20. Januar)
fängt der rechte Winter an.

Januar muss vor Kälte knacken,
wenn die Ernte soll gut sacken.

UNSER KALENDER

Die Einteilung der Zeit

Die Geschichte unseres Kalenders reicht weit zurück. Zu seinen Vätern zählen die Ägypter, die die Zeit nach den Mondphasen einteilten und sich bei der Bestellung ihrer Felder nach ihnen richteten. Das ägyptische Jahr bestand aus zwölf Monaten mit 30 Tagen und zusätzlich fünf Feiertagen am Jahresende. Es war Vorbild für die Kalendermacher Griechenlands und kam von hier auch nach Rom.
Vermutlich um 700 v. Chr. stellte man den Kalender von zehn auf zwölf Monate um. Wie bei allen Völkern des Altertums kümmerten sich auch bei den Römern die Priester um das Kalenderwesen. Am ersten Tag eines jeden Monats (lateinisch »kalendae« für Monatserster) wurden die religiösen Festdaten verkündet. Daraus entwickelte sich später das Wort und der Begriff Kalender.

Der julianische Kalender

Als der geistige Vater unserer heutigen Zeitrechnung gilt Gaius Julius Cäsar, der römische Staatsmann, Feldherr und Schriftsteller, der im Jahre 46 v. Chr. statt des Mondjahres das Sonnenjahr einführte. Dabei griff er auf die Berechnungen des griechischen Astronomen Hipparchos zurück, der bereits 150 Jahre zuvor die Länge des Sonnenjahres mit 365 Tagen, 5 Stunden, 55 Minuten und 12 Sekunden ermittelte. Um den Vierteltag auszugleichen, den jedes Jahr zu viel hat, legte er für jedes vierte Jahr einen Schalttag fest.
Im Laufe der Zeit erkannte man jedoch, dass das julianische Kalenderjahr um mehr als elf Minuten länger war als ein Sonnenjahr. So ergab sich bis zum 16. Jahrhundert eine Fehlerquote von zehn vollen Tagen. Das stellte ein Problem für die Kirche dar, die daran interessiert war, dass das Osterfest stets am gleichen Tag gefeiert wurde. Auf dem Konzil von Nicäa 325 legte man daher das Osterdatum auf den Sonntag nach dem ersten Frühlingsvollmond fest.

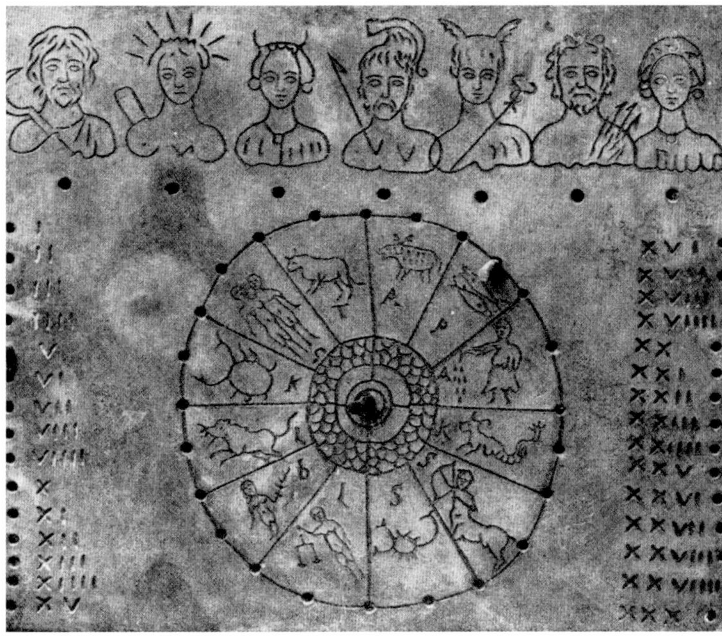

Der gregorianische Kalender

Im Jahr 1582 nahm Papst Gregor XIII. eine einschneidende Reform des julianischen Kalenders vor: Er ließ auf den Donnerstag, 4.10.1582, den Freitag, 15.10.1582, folgen und somit 10 Tage »verschwinden«. Durch die Kalenderreform wurde der Frühlingsanfang einheitlich auf den 21. März festgesetzt.
Der gregorianische Kalender hat 365 Tage und beginnt mit dem Jahr 1 nach Christi Geburt (ein Jahr Null gibt es nicht!). Deshalb begann das dritte Jahrtausend mit dem Jahreswechsel von 2000 nach 2001. Der gregorianische Kalender ist heute fast überall auf der Welt gebräuchlich, nicht anerkannt wird er jedoch in Ländern der Ostkirche.

Beliebte Bauernpraktiken

Schon im Mittelalter entstanden Kalender mit Aufzeichnungen von Tagen, Monaten und Jahren, von Sonnen- und Mondlauf und deren Auf- und Untergangszeiten. Sie enthielten auch viele nützliche Eintragungen für Haus, Hof und Gesundheit. Den größten Raum nahmen Wetterregeln ein, an denen besonders Bauern und Hirten interessiert waren. Um die Witterung vorhersagen zu können, beobachtete man Licht und Wolken, Wind und Vogelflug, Sternschnuppen sowie Pflanzen- und Tierverhalten.

Bild oben: Römischer Kalenderstein zum Markieren von Monat, Woche, Tag. Zeichnung von 1910

Damit sich die wissenswerten Erkenntnisse besser einprägten, formulierte man sie in gereimter Form. Die oft Jahrhunderte alten Beobachtungen wurden auch in Kalenderbüchern aufgeschrieben. Eines der ältesten Bücher ist die »Bauernpraktik« aus dem Jahr 1508. Die bei uns heute noch beachteten Wetter- und Bauernregeln gehen teilweise auf diese alten Kalenderbücher zurück.

DREI KÖNIGE AUS DEM MORGENLAND

Königliche Geschenke

»Als Jesus in den Tagen des Herodes zu Bethlehem geboren war, kamen Weise aus dem Morgenland nach Jerusalem und fragten: Wo ist der neugeborene König der Juden? Wir haben seinen Stern im Morgenland gesehen und sind gekommen, ihn anzubeten.«

Nach dem Evangelisten Matthäus waren es Magier, die das göttliche Kind in Bethlehem besuchten. Wir erfahren nichts über ihre Anzahl, wohl aber, was sie mitbrachten. Es waren kostbare, königliche Geschenke: Gold, Weihrauch und Myrrhe. Diese Gaben sind symbolisch zu verstehen und weisen nach theologischer Auslegung hin auf Christus den König, auf den Gott und auf den Menschen: Das kostbare Gold ist Ausdruck für Kraft und Weltherrschaft, der duftende Weihrauch dient der Ehre des Gottessohnes und die bittere Myrrhe deutet hin auf seinen Tod am Kreuz.

Gasthaus zur Krone, Weißenburg

Ob wirklich drei Könige nach Bethlehem kamen, ist bis heute nicht erwiesen. Bestimmt waren es keine Könige, sondern sternenkundige Gelehrte, Magier. Ein seltener Stern ließ sie, unabhängig voneinander, aufbrechen. Nach einer 60 Tage langen Reise durch Wüsten gelangten sie nach Jerusalem, wo sie nach dem Bericht des Evangeliums König Herodes besuchten.

Der königliche Besuch in dem kleinen Ort Bethlehem hat zu allen Zeiten die menschliche Fantasie bewegt. Wer waren die unbekannten Besucher? Im 6. Jahrhundert deutete man die Magier aus dem Morgenland als Könige mit den Namen Kaspar, Melchior und Balthasar. Die Gebeine der Heiligen Drei Könige waren im Mittelalter die kostbarsten Reliquien. Ihre Verehrung in der West- und Ostkirche wurde ausgelöst durch ihre Entdeckung in Mailand im Jahre 1158. Wann und wie und durch wen sie in die oberitalienische Stadt gelangten, ist historisch nicht belegt. Es lässt sich weder ihre Echtheit noch ihre Unechtheit beweisen. Nach einer Legende soll sie die römische Kaiserin Helena († 330) gefunden und nach Konstantinopel gebracht haben; von dort sollen sie nach Mailand gelangt sein.

Dreikönigsschrein, um 1181-1220 von N. von Verdun im Dom zu Köln

Der Dreikönigsschrein in Köln

Seit dem Jahre 1164 ruhen die Gebeine der Heiligen Drei Könige in Köln. Ermöglicht wurde diese Überführung durch die Eroberung der oberitalienischen Stadt Mailand durch Kaiser Friedrich I., dabei kamen auch die Gebeine der Heiligen Drei Könige in seinen Besitz. Für Barbarossa erfüllte sich damit ein Traum: Er ließ die Reliquien nach Köln bringen, wo man als würdigen Platz für sie einen gewaltigen Dom plante. 1248 wurde der Grundstein für den gotischen Dom gelegt, der bis heute unverändert ist. Nikolaus von Verdun, der bedeutendste Goldschmied jener Zeit, erhielt den Auftrag, für das Gotteshaus den wertvollsten und figurenreichsten Reliquienschrein des Mittelalters zu schaffen, der beträchtliche Ausmaße hat: Er ist 1,50 Meter hoch, 1,10 Meter breit und 2,20 Meter lang.

Beliebte Patrone

Die Verlegung der Reliquien an den Rhein beflügelte die Verehrung der drei Könige in ganz Westeuropa, und das, obwohl sie nie offiziell heilig gesprochen wurden. Köln entwickelte sich im Mittelalter zum Zentrum der Dreikönigsverehrung. Es bildeten sich Wallfahrten und Prozessionen, Patrozinien und Bruderschaften, die Könige wurden die Schutzpatrone der Reisenden und Pilger. An sie erinnern bis heute Gasthäuser mit Namen wie »Zum Mohren«, »Zur Krone« oder »Zum Stern«. In den Königen sah man auch Patrone für die »Letzte Reise« und betete zu ihnen um einen guten Tod. Weil sie sich vor dem Jesuskind auf den Boden geworfen hatten, erwählte man sie als Helfer gegen die dämonisch empfundene Epilepsie. Macht gegen Dämonen erkannte man ihnen ja schon wegen ihres Standes als Magier zu.

STERNSINGER BRINGEN SEGEN INS HAUS

Traditionelle Segenswünsche

Nach einem alten Brauch ziehen zwischen Neujahr und Dreikönig als Könige verkleidete Kinder von Haus zu Haus. Sie tragen einen großen Stern mit sich und singen Dreikönigslieder und wünschen allen im Haus ein glückseliges neues Jahr. Um ihren Segenswunsch sichtbar zu machen, schreiben die Sternsinger an die Tür mit geweihter Kreide die Initialen der Drei Könige: C + M + B, die vom Volksmund als die Anfangsbuchstaben für Caspar, Melchior und Balthasar gedeutet wurden. Es handelt sich dabei aber um einen lateinischen Segenswunsch: »Christus mansionem benedicat« – »Christus segne dieses Haus!« Der heutige Sternsingerbrauch, der auch im nord- und westdeutschen Raum gepflegt wird, lässt sich bis in die Mitte des 16. Jahrhunderts zurückverfolgen.

In manchen Gegenden war das Sternsingen früher bestimmten Berufsgruppen vorbehalten, z. B. den Schiffsleuten, den Leinwebern und Maurern. Da die Reformatoren die Heiligenverehrung ablehnten, geriet der Sternsingerbrauch im 16. Jahrhundert völlig in Vergessenheit. In katholischen Regionen lebte er in der Gegenreformation wieder auf, wurde aber durch unliebsame Begleiterscheinungen diskreditiert, da er in reine Bettelei ausartete. So kam es im 19. Jahrhundert zu einem staatlichen Verbot.

Segenswunsch der Sternsinger

Nach dem Zweiten Weltkrieg erlebte der alte Brauch eine erfolgreiche Neubelebung, er bekam einen neuen, zeitgemäßen Sinn, angestoßen und getragen vom katholischen Kindermissionswerk. Die heutigen Sternsinger sammeln nicht mehr für sich, sondern für einen guten Zweck. Mit den Geldern – im Jahre 2010 waren es über 40 Millionen Euro – werden Hilfsprojekte in der Dritten Welt unterstützt. Das Sternsingen ist das weltweit größte Projekt für Not leidende Kinder.

Geheimnisvolle Dreikönigsnacht

Die Dreikönigsnacht (5. Januar) ist neben der Thomasnacht (21. Dezember) und der Heiligen Nacht (24. Dezember) die letzte Rauhnacht. Auf dem Lande räuchert

Sternsinger unerwegs, Bad Heilbrunn

man in vielen Familien nach altem Brauch am Vorabend des Dreikönigstages Haus, Stallungen und Scheunen aus. Im Bauernjahr galt der Dreikönigstag (6. Januar), der kirchlich als Fest der Erscheinung (Epiphanie) gefeiert wird, bis ins 20. Jahrhundert als Neujahrstag. Man sprach von »Großneujahr« oder »Oberneujahr«. Mit dem Dreikönigstag endet die Weihnachtszeit, die Christbäume werden wieder aus den Wohnungen entfernt. Der Alltag des neuen Jahres beginnt, die Tage werden nun schon merklich länger:

»Auf Weihnacht um an Hanatritt,
auf Neujahr um an Mannderschritt,
auf Drei König um an Hirschensprung,
auf Lichtmess um a ganze Stund.«

MIT GOASSLN DEN WINTER AUSTREIBEN

Ein Wintervergnügen ganz besonderer Art erfreut sich zum Jahresbeginn im bayerischen Rupertiwinkel, vereinzelt aber auch im ganzen Voralpenland großer Beliebtheit. Es ist das »Aperschnalzen«, das schon deutliche Züge eines Vorfrühlingsbrauches hat. Das Wort »aper«, althochdeutsch »apir«, bedeutet »unbedeckt« oder »offen« und weist hin auf die bereits vom Schnee befreiten Stellen. »Es wird schon aper!«, sagt man. Der Schnee beginnt zu schmelzen, bald hält der Frühling seinen Einzug.

Das Zentrum des Aperschnalzens, das immer von Dreikönig bis Faschingsende aufgeführt wird, ist der Raum zwischen Traunstein, Laufen und Berchtesgaden und dem österreichischen Salzachgau. Hier versammeln sich abwechselnd Burschen aus Bayern und Österreich, um den Winter und damit das Böse zu vertreiben und die guten Wachstumsgeister zu wecken.

Peitschenknaller in Aktion

Mit bis zu sechs Meter langen Peitschen, den sogenannten »Goaßln«, erzeugen sie einen Höllenlärm, wenn sie in geschlossener Formation loslegen. Symbolisch vertreiben sie damit die Winterunholde, Schnee und Kälte, und dabei kommt es nach alter Tradition zu einem Wettbewerb zwischen den Gruppen von sieben, neun oder elf Schnalzern.

Beim Preisschnalzen nehmen die »Passen«, wie die Wettkampfgruppen heißen, auf einem großen Platz oder einer Wiese Aufstellung und stehen sich in einem Abstand von gut zehn Metern gegenüber. Angeführt wird jede Passe von einem »Aufdraher«, der das Kommando gibt. Die Schnalzer einer Gruppe haben verschieden lange Peitschen, wodurch unterschiedliche Töne entstehen. Deutlich sind an den Peitschen die weißen Enden aus echter Seide zu erkennen, die vorher »gepechelt«, in heißem Pech getränkt wurden. Die Goaßln sind an einem kurzen Holzstiel befestigt, der in einer Hand gehalten wird.

Beim Schnalzen bringen die jungen Burschen ihre lange Goaßlschnur über dem Kopf zum Schwingen, immer höher und höher, bis durch eine plötzliche Gegenbewegung ein pistolenartiger Knall erzeugt wird. Dazu braucht es besondere Geschicklichkeit.

Der Höhepunkt einer jeden Veranstaltung ist immer ein großer »Pasch«, wenn alle 500 bis 600 Teilnehmer gemeinsam ihre Goaßln zum Schwingen bringen und einen gewaltigen Lärm erzeugen, der ein ebenso gewaltiges Echo auslöst. Es ist unüberhörbar: Das Aperschnalzen ist ein Vorfrühlingsbrauch, mit dem der Winter vertrieben werden soll, ähnlich wie bei vielen Faschingsbräuchen.

SEBASTIAN – DER GROSSE PESTPATRON

Sebastian war der Legende nach ein Soldat in der Leibgarde des römischen Kaisers Diokletian und wurde Christ. Als dieser davon erfuhr, ließ er ihn verhaften und ordnete seine Tötung an. Sebastian wurde nackt an einen Baum gebunden und von Bogenschützen mit Pfeilen durchbohrt. Als die Christen ihn bestatten wollten,

entdeckten sie, dass er noch Lebenszeichen von sich gab. Nun ließ ihn Diokletian im Circus von Rom mit Keulen erschlagen und seine Leiche in die stinkende Cloaca maxima werfen. Christen bestatteten Sebastian heimlich in einer Katakombe an der Via Appia Antica. Papst Damasus errichtete 367 über seiner Grabstätte die Kirche San Sebastiano, heute eine der sieben Pilgerkirchen Roms.
Über Jahrhunderte galt Sebastian als Pestpatron, weil im Jahre 680 eine Pestepidemie endete, nachdem man seine Reliquien durch die Stadt getragen hatte. Da man im Mittelalter glaubte, dass die Pest durch Pfeile übertragen werde, die dem Sebastian nichts anhaben konnten, wurden sie auf Darstellungen zu den wichtigsten Attributen.
In Bayern weihte man dem Heiligen am Marterpfahl zahlreiche Kirchen und Kapellen, an vielen Altären stehen Bilder und Figuren von ihm. An seinem Namensfest fanden früher an manchen Orten Prozessionen statt.
Ein Zentrum der Sebastianiverehrung ist seit über 1000 Jahren die oberbayerische Kreisstadt Ebersberg. Nach der Überlieferung brachte im Jahr 931 der Augustinerpropst Hunfried von einer Romreise die Hirnschale des Heiligen als Reliquie in sein Kloster mit. Das führte zu einer der größten Wallfahrten in Altbayern.

Pestfahne, 1710, Traunreut

DER ALTE DORFWEIHER IM WINTER

Sportliches Eisvergnügen

Sie sind heute zu einer Rarität geworden, die großen und kleinen Dorfweiher. Früher gehörte der Dorfweiher zum Ortsbild wie die Kirche, das Wirtshaus und die Schule. Im Sommer tummelten sich in seinem seichten Wasser Gänse und Enten zuhauf, im Winter, wenn sich eine tragfähige Eisschicht gebildet hatte, wurde er zum Treffpunkt der Kinder, die hier mit äußerst einfachen Schlittschuhen, die an die Fußsohlen angeschraubt wurden, ihre Runden drehten. Aber auch die Burschen und Männer zog es aufs Eis, um dem bayerischen Nationalsport in der kalten Jahreszeit, dem Eisstockschießen, zu frönen. Bis in die späte Nacht hinein trugen hier die »Moarschaften«, die Mannschaften, ihre Wettbewerbe aus, natürlich noch nicht mit Eisstöcken mit auswechselbaren Scheiben. Die Eisstöcke drechselte der Wagner aus heimischen Hölzern.

Gefährliches Eineisen

Ein ganz besonderes Ereignis war alljährlich das »Eineisen«. Es war ein Geschäft, an das sich heute nur noch ältere Menschen erinnern können. Hatte das Eis eine bestimmte Stärke erreicht, rückte der Wirt mit kräftigen Männern an, ausgestattet mit Bogensägen und langen Stangen. Damit wurden aus der Eisfläche große Blöcke herausgesägt. Das war eine nicht ungefährliche Arbeit, und nicht selten kam es vor, dass Helfer ins eiskalte Wasser einbrachen. Mit den Stangen wurden die zentnerschweren Eisbrocken ans Ufer und auf einfache Leiterwagen gehievt. Wichtige Hilfsdienste leisteten dabei Bauern und ihre Knechte, die die Eisblöcke mit Ochsen- und Pferdegespannen zum Eiskeller des Wirtes transportierten. Hier sorgte das Natureis in einer Zeit ohne elektrische Kühlschränke bis in den Sommer hinein für kühles Bier.

FEBRUAR

Februar. Monatszyklus von Stephan Kessler (1672), ehemaliges Kloster Benediktbeuern

Der Februar ist der zweite Monat im gregorianischen Kalender. Er wurde nach dem römischen Reinigungsfest »Februa« benannt und hat gewöhnlich 28 Tage. Wegen seiner Kürze fällt ihm alle vier Jahre der Schalttag zu.
Dieser Monat steht im gesellschaftlichen Leben ganz im Zeichen des Faschings. In den letzten Februartagen beherrschen die Narren die Szene auf Straßen und Plätzen.

Namenstage

3. Februar: *Blasius*
5. Februar: *Agathe*
9. Februar: *Alto*
14. Februar: *Valentin*
25. Februar: *Matthias*

Bauern- und Wetterregeln

Ist's an Lichtmess hell und rein,
wird's ein langer Winter sein.

Segnet man die Kerzen im Schnee,
weiht man die Palmen im Klee.

Ist der Februar trocken und kalt,
kommt im März die Hitze bald.

Wenn's der Februar gnädig macht,
bringt der Lenz den Frost bei Nacht.

Der Februar baut manche Brück,
der März bricht ihnen das Genick.

Mattheis bricht's Eis,
hat er kein's,
dann macht er eins.

KERZEN FÜR LICHTMESS

Großes Marienfest

Mariä Lichtmess ist in der katholischen Kirche ein großes Marienfest, das an den Besuch Mariens mit dem Jesusknaben im Tempel von Jerusalem erinnert. Nach alttestamentlicher Vorschrift musste eine junge Mutter 40 Tage nach der Geburt eines Kindes dem Priester im Tempel ein Reinigungsopfer übergeben, eine Regel, an die sich auch Joseph und Maria hielten. Eine Erinnerung an die Darbringung Mariens war der früher vor allem auf dem Land verbreitete Brauch, nach dem Wöchnerinnen meist 40 Tage nach der Geburt eine Kirche aufsuchten, um sich segnen und »reinigen« zu lassen.

Bis zum Jahr 1912 war Mariä Lichtmess im Königreich Bayern ein offizieller Feiertag. Der Name »Lichtmess« leitet sich von der Kerzenweihe ab, die an diesem Tag in den Kirchen seit Jahrhunderten abgehalten wird, und nimmt Bezug auf eine Stelle im Lukasevangelium, in der das Christuskind vom greisen Simeon bei der Darbringung im Tempel als das »Licht der Welt« bezeichnet wurde.

Kerzenweihe

Nach einem alten Brauch wird an diesem Tag der gesamte Jahresbedarf an Kerzen in den Kirchen geweiht. Gesegnet werden auch alle Kerzen und Wachsstöckl, die die Gläubigen mitbringen. Dabei durfte früher die große Hauskerze nicht fehlen, die beim Empfang der Sterbesakramente eines Familienangehörigen und am Sterbebett angezündet wurde. Neben der schwarzen Wetterkerze, die in jedem Haus vorhanden war, wurde sie auch bei heraufziehenden Gewittern und Unwettern angezündet.

Lichtmesskerze in jedem Haus

Der Lichtmesskerze wurde immer eine besonders große Weihe- und Segenskraft für Haus und Hof, für die Menschen und das Vieh auf einem Bauernhof zuerkannt. Da war es selbstverständlich, dass ein jedes Familienmitglied an Lichtmess etwas aus Wachs geschenkt bekam: die Männer dicke weiße Kerzen, die Frauen ein rotes oder weißes Wachsstöckl und die Kinder dünne bunte Pfenniglichter. Bei den Wachsstöckln gab es einfache, die nicht besonders verziert waren. Sie nahm man in die Kirche mit zum Lesen aus dem Gebetbuch, da in einer Zeit ohne elektrische Beleuchtung auch die Kirche am frühen Morgen dunkel war. Man zündete sie an bei den morgendlichen Rorateämtern und bei Trauergottesdiensten. An diesen Brauch erinnern noch in alten Kirchen schwarze Brandmäler auf den Betbänken.
Wachsstöckl waren auch ein beliebtes Geschenk bei vielen Anlässen, z. B. bei der Taufe, Erstkommunion und Firmung. Darüber hinaus dienten sie auch zur Abwehr von Hexen und Truden, vor denen sich speziell die jungen Mütter fürchteten. Beliebte Lichtmessgeschenke besonders für Mädchen waren verzierte Wachsstöcke, die in keinem Brautschrank fehlen durften.
Über ein schönes Wachsstöckl freute sich früher auch manche Bauerndirn, die einem Knecht die Wäsche machte und die Kammer in Ordnung hielt. Und junge Burschen bekundeten ihrer Liebsten ihre Verehrung nicht wie heute mit einem Blumenstrauß, sondern mit einem Wachsstöckl, oft mit dem eindeutigen Spruch versehen: »Dirn, i hab dir an Wachsstock gebn, jetzt muasst mi mögn.«

Wachsstock im Brautschrank, Heimatmuseum Miesbach

Beliebte Wachsmärkte

Der Bedarf an allen Wachswaren konnte am Lichtmesstag auf Wachsmärkten, z. B. in Mühldorf, Wasserburg und Eggenfelden, gedeckt werden. Zu Lichtmess brachten auch manche Bauern gelbes Bienenwachs, das sie in ihrem Bienenstock gewonnen hatten, zum Wachszieher und tauschten es gegen seine Wachswaren.

SCHLENKELZEIT

Dienstbotenwechsel

Auf dem Lande war Mariä Lichtmess früher ein wichtiges Datum. An diesem Tag konnten sich die Dienstboten, die Mägde und Knechte, verändern. Sie konnten kündigen und eine neue Arbeitsstelle antreten, wenn nicht andere Termine vereinbart waren. Sie durften »schlenkeln«. Wollte einer der Dienstboten seinen Arbeitsplatz verlassen, so wurde ihm vom Bauern ein Führungszeugnis ausgestellt. Das waren gewöhnlich nur ganz knappe Bemerkungen im »Dienstbotenbuch«, das jeder Knecht und jede Magd bei allen Wechseln vorlegen musste. Darin waren auch die wichtigsten rechtlichen Bestimmungen enthalten. Danach mussten Treue, Ehrlichkeit, Fleiß, Ehrbarkeit, Nüchternheit und Gehorsam beachtet werden. Ständiger Wirtshausbesuch, nächtliches Fortbleiben, Schulden machen, Geldspiele oder der Umgang mit schlechter Gesellschaft berechtigten den Dienstherrn zu disziplinarischen Maßnahmen, denn er war gehalten, auf Gesundheit und Sittlichkeit seiner Dienstboten zu achten. Trat jemand bei ihm aus, so schrieb er etwa ins Dienstbotenbuch: »Hat treu und redlich gedient … War immer fleißig und willig.«

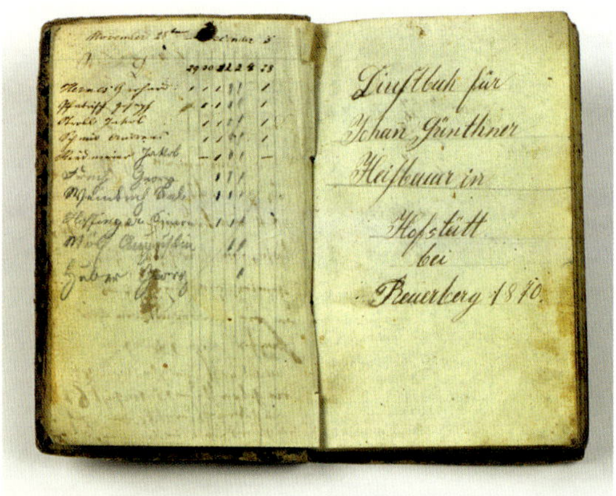

Dienstbotenbuch von 1879, Beuerberg

Nicht selten waren die Bauern mit ihren Ehhalten, wie die Dienstboten auch genannt wurden, unzufrieden. So war im »Rotthaler Boten« von 1904 zu lesen: »Die oft vernommene Klage über Mängel an tüchtigen, fleißigen und sparsamen Dienstboten ist vielfach nur zu berechtigt. Man hört von Unzufriedenheit und Genusssucht derselben. Man klagt über übertriebene Lohnansprüche trotz schlechter Gegenleistung, über das trotzige Benehmen von kaum der Schule entwachsenen Knaben und Mädchen.«

Meist waren die Dienstboten, die sich nur selten gegen ungerechtes Verhalten auflehnten, anspruchslos und zufrieden. Klagen gab es zuweilen wegen der Verköstigung durch die Bäuerin. Dann war zu hören:

»Enker Kraut und enkere Ruabn,
de ham mi vertriebn,
waar's a wengal besser g'wen,
na waar i wieder blieb'n.«

Viele Ehhalten klagten nicht zu Unrecht über die Kost, die oft recht knapp bemessen war und auch nicht schmeckte, weil die Bäuerin nicht gut kochen konnte oder geizig war. Zu wünschen übrig ließ auch oftmals die Behandlung durch Bauern und Bäuerin, sah man in den Dienstboten doch nicht selten Menschen ohne Rechte und Ansprüche.

Kontaktsuche auf Schlenkelmärkten

Wer von den Dienstboten wechseln wollte, sah sich schon das Jahr über nach einem anderen Arbeitsplatz um. Wer noch auf der Suche war, konnte sein Glück auf einem der »Schlenkelmärkte« versuchen, die an größeren Orten abgehalten wurden und am Rande von Vieh- und Rossmärkten stattfanden. Hier konnten die Knechte und Mägde Bauern begegnen, die ihrerseits nach neuen Dienstboten Ausschau hielten. Eine Möglichkeit für Kontakte bestand auch in Wirtshäusern. Mägde machten durch zwei unterschiedlich gefärbte Strümpfe oder bunte Bänder, Knechte mit einem kleinen Stroh- oder Ährenbüschel am Hut auf sich aufmerksam. Mit einem Handschlag und einem kleinen »Drangeld« oder »Schlenkelgeld« wurde der Einstand besiegelt. Formalitäten waren nicht üblich und erforderlich.
Der Arbeitsplatzwechsel wurde in der Regel in der Lichtmesswoche vollzogen. Diese arbeitsfreie Zeit stand nach altem bayerischen Recht allen Dienstboten zu. In dieser Urlaubszeit, der »Schlenkelweil«, war auf den Wegen bisweilen viel los. Die Dienstboten wurden mit ihrem wenigen Sach' mit einem Gäuwagerl samt Kleiderkasten, Kommode und Koffer zum neuen Arbeitsplatz befördert. Oft holte auch der Bauer selbst seine neuen Dienstboten auf seinen Hof. Wer nicht schlenkelte, genoss die freien Tage nach Lichtmess gleichsam als Urlaub für Erledigungen und Besuche bei Eltern und Freunden oder brachte Wäsche und Kleidung in Ordnung oder – und das war nicht so selten – ließ seinen Jahreslohn beim Wirt.
Das ist heute noch Brauch: In der Lichtmesszeit kommen die Bauern im Gebiet zwischen Ingolstadt und Riedenburg zu ihrem Bauerntag zusammen, der fast wie eine Bauernhochzeit gefeiert wird. Er ist aus der Isidoribruderschaft hervorgegangen.

BLASIUS – PATRON DER BLASMUSIKANTEN

Blasiussegen; Pfarrkirche St. Andreas, Wolfratshausen

Einen Tag nach Mariä Lichtmess feiert die katholische Kirche das Namensfest des heiligen Blasius. Er wirkte im 3. Jahrhundert als Bischof in der armenischen Stadt Sebaste. Der Legende nach versteckte er sich wegen der Christenverfolgungen in einer Höhle, wo ihm Vögel Speisen brachten. Als ihn Soldaten des Kaisers Diokletian dort entdeckten, wurde er in den Kerker geworfen, wo er einen Jungen, der eine Fischgräte verschluckt hatte, durch sein Gebet gerettet haben soll. Nach grausamen Folterungen wurde er im Jahre 316 enthauptet.
Die Verehrung des Heiligen breitete sich von Armenien in die ganze Ostkirche und im frühen Mittelalter auch nach Europa aus. Blasius zählt zu den beliebten vierzehn Nothelfern und ist der Schutzpatron der Ärzte, Hutmacher, Schuhmacher und – wegen der Lautähnlichkeit seines Namens mit »blasen« – der Blasmusikan-

ten. Darstellungen in vielen Kirchen zeigen Blasius im Bischofsornat mit zwei gekreuzten Kerzen.
Schon früh sah man in dem Heiligen der Ostkirche einen Helfer bei Hals- und Kehlkopfleiden und knüpfte damit an die legendäre Errettung des Knaben im Kerker an. Im Mittelalter entwickelte sich der Blasiussegen, bei dem der Priester zwei geweihte Kerzen gekreuzt an den Hals der Gläubigen hält und dabei spricht: »Auf die Fürsprache des heiligen Blasius bewahre dich der Herr von Halskrankheiten und allem Bösen.« Bis heute ist das »Einblaseln«, wie dieser Segen im Volksmund heißt, ein sehr beliebter Brauch.

BERCHINGER ROSSMARKT

In der Lichtmesszeit findet in der schmucken Oberpfälzer Stadt Berching im Altmühltal ein Rossmarkt statt, der in seiner Art in Bayern einmalig ist. Seine Anfänge reichen 250 Jahre zurück. In einer landwirtschaftlich geprägten Zeit war dieser Markt alljährlich ein herausragendes gesellschaftliches Ereignis in der Faschingszeit.

Berchinger Rossmarkt

1925 kam es zu einer Neugründung des in Vergessenheit geratenen Marktes. Neben der Förderung der Pferdezucht spielten dabei auch wirtschaftliche Interessen eine Rolle, denn mit einem Markttag wollten die Geschäftsleute Menschen in die Stadt locken, wo sich in der Lichtmesszeit auch viele Mägde und Knechte aufhielten, die auf Arbeitsplatzsuche waren. Nach einer kurzen Pause während des Zweiten Weltkrieges wurde die Tradition des Rossmarktes nach 1945 in einer etwas veränderten Form wieder aufgenommen.
Seit Anfang der 1970er-Jahre hat der einstige Rossmarkt Volksfestcharakter. Dazu trug auch eine neue Attraktion bei: Auf dem Markt kommt es alljährlich zu einem Auftritt prominenter Politiker. Heute bildet der Berchinger Rossmarkt mit dem Auftrieb prächtig geschmückter Rösser den feierlichen Rahmen für das größte Wintervolksfest in Bayern.

BLUMEN ZUM VALENTINSTAG

Legendärer Heiliger

Obwohl sich der Valentinstag heute großer Beliebtheit erfreut, ist der Namensgeber doch weithin unbekannt. Valentin, nicht identisch mit einem Bischof, der im

Valentinskult

5. Jahrhundert in Rätien lebte, war Bischof von Terni in Umbrien und erlitt um das Jahr 268 unter Kaiser Claudius den Märtyrertod. Die Christen bestatteten ihn an der Via Flaminia am zweiten Meilenstein in Rom, Papst Julius I. ließ über seinem Grab eine Basilika errichten. Um das Leben des Heiligen ranken sich viele Legenden, die an die Stelle der fehlenden historischen Belege traten. Da Valentins Existenz nicht gesichert ist, findet sich sein Name seit 1972 nicht mehr im offiziellen kirchlichen Kalender.
Der Legende nach fühlten sich Liebende besonders zu Valentin hingezogen, weil er viele von ihnen traute, darunter Soldaten, die nach kaiserlichem Befehl unverheiratet bleiben mussten. Und auch das machte Valentin beliebt: Er schenkte den frisch verheirateten Paaren Blumen aus seinem Garten. Die von ihm geschlossenen Ehen sollen unter einem guten Stern gestanden sein.
Im alten Rom wurden am 14. Februar junge Männer durch Lose ledigen Frauen zugeteilt, mit denen sie ein Jahr lang ein Paar bildeten. Dieser Brauch hatte seinen Ursprung wohl in dem alten Volksglauben, dass die Vögel sich am Valentinstag zu paaren beginnen, und trug sicher auch dazu bei, dass der Valentinstag in Frankreich, Belgien und England als Tag der Liebenden gefeiert wurde. An diesem Tag wurden junge Paare durch das Los als Valentin und Valentine »verbandelt«, für einen Tag oder für ein ganzes Jahr.
Seit dem 14. Jahrhundert verbreitete sich der Valentinskult in ganz Europa und gelangte dann nach Amerika, wo das Namensfest als Fest der Liebenden gefeiert wurde. Von dort kam der Brauch, Freunde, vor allem Frauen, an diesem Tag mit Blumen zu beschenken, nach dem Zweiten Weltkrieg zu uns. Die Floristen haben diese Idee gerne aufgegriffen und den Valentinstag zu einem Tag der Blumen gemacht.
In Holzhausen bei Landshut wird die Zuneigung auf andere Weise ausgedrückt: Dort gibt es für alle, die sich lieben, gebackene Valentinsbrote.

Musikant mit alter Holzmaske

FASCHING VOR 100 JAHREN

Die närrische Zeit, die im Rheinland Karneval und in Bayern und Österreich Fasching heißt, dauert zwischen 28 und 63 Tagen, von Dreikönig bis zum Aschermittwoch. Sie kann frühestens am 4. Februar und spätestens am 10. März enden, was die unterschiedliche Länge erklärt. Das närrische Treiben wurde früher von der Obrigkeit und vor allem von der Kirche nicht mit allzu großem Wohlwollen gesehen, denn abgesehen von dem Aufwand, zu dem sich die Leute immer wieder hinreißen ließen, war es vor allem die Sorge um die Moral, was sich auch in amtlichen Verlautbarungen niederschlug. In dieses Horn blasen viele Schriftsteller, die in der zweiten Hälfte des 19. Jahrhunderts den Fasching mit kritischem Blick beschreiben.

Bild unten: Umzug der Schellenrührer, Mittenwald

Bild rechte Seite: Vortänzer der Schellenrührer in einer Mädchenmaske, Mittenwald

In der »Neuen Illustrirten Zeitung ›Über Land und Meer‹« gibt uns ein unbekannter Autor eine recht interessante Beschreibung des Faschingstreibens in der Stadt vor mehr als 100 Jahren: »In den Großstädten werden dem lustigen Prinz Karneval Kunst und Gewerbe dienstbar; die Huldigungen, welche ihm zugedacht sind, nehmen immer mehr zu in Bezug auf Großartigkeit der Veranstaltungen und an Geldaufwande; was nur Kostbares an Gewändern, Geschmeiden und Ziergegenständen erzeugt wird, findet ihm zu Ehren Verwendung; er beherrscht während der ihm verstatteten Regierungszeit die Mode sowie die künstlerische und gewerbliche Produktion. Er besteuert seine Unterthanen ohne Gnade; manche bereichern sich in seinem Dienste, viele richten sich ihm zuliebe zu Grunde.«
Vieles, was der kritische Autor im Jahre 1894 hier notiert hat, ist wohl bis heute zutreffend, wenn auch manches nicht mehr so eng gesehen wird. Bezüglich der Verhältnisse auf dem Land schränkt der Chronist aus dem 19. Jahrhundert freilich seine Kritik etwas ein: »So weit reicht die Macht von Prinz Karneval auf dem Lande nicht, wenngleich man ihn dort durchaus nicht verleugnet. Seinem Einfluss vermag sich kaum das kleinste Dörflein zu entziehen, und je nach Anlage der Bevölkerung wird der Karneval so fröhlich begangen, als es die örtlichen Verhältnisse ermöglichen. Allerdings kommen dabei nur die drei Faschingstage Sonntag, Montag und Dienstag und der vor diesen Tagen fallende Donnerstag in Betracht. Letzterer spielt auf dem Lande eine besondere Rolle; man nennt ihn deshalb den ›unsinnigen‹ oder, wie in Schwaben, den ›gumpeten‹ Donnerstag, und es soll sich an ihm der Unsinn ganz hervorragend entfalten.«

FASCHINGSTREIBEN IM WERDENFELSER LAND

Der Unsinnige Donnerstag

Der Fasching ist eine feste Jahreszeit in Bayern, die in allen Regionen nach alten Traditionen gefeiert wird. Die letzen sechs Tage bilden immer den Höhepunkt. Den Auftakt macht der »Unsinnige Donnerstag«, so in Dorfen im Landkreis Erding, wo dann die »Hemadlenzen« das Leben auf Straßen und Plätzen beherrschen. Ganz ähnlich ist es in Dietfurt im Altmühltal, wo beim »Chinesenfasching« Tausende dem Chinesenkaiser Ko-Huang-Di huldigen.

Ein traditionelles Zentrum des Faschings ist alljährlich Mittenwald im Werdenfelser Land. Hier haben an diesem Tag die »Schellenrührer« ihren großen Auftritt. Das sind jun-

Schellenrührer am unsinnigen Donnerstag

ge Burschen und Männer, die in der heimischen Werdenfelser Tracht mit weißem Hemd und langer Unterhose, kurzer Lederhose, weißen Wadlstrümpfen und grünem Veloursht nach dem 12-Uhr-Läuten durch den Ort ziehen. Ihr Gesicht verdecken sie mit einer kunstvoll geschnitzten, bunt bemalten Holzlarve, um den Leib haben sie sich große Kuhschellen gebunden. So ziehen sie in geschlossener Formation rhythmisch hüpfend durch den Ort und machen einen Höllenlärm.

Maskentreiben in Mittenwald vor 100 Jahren

Vom Mittenwalder Maskentreiben war vor 100 Jahren auch ein unbekannter Journalist beeindruckt. Er schreibt: »Mittenwald, am Fuße des mächtigen Karwendel im oberbayrischen Gebirge gelegen, hat, unberührt von dem alles verfeinernden Schienenwege, die Ursprünglichkeit seines Volkslebens noch ziemlich bewahrt, wenngleich die Sommerfrischler gerne dorthin wandern und sich im Spätherbst dauernd festsetzen. Im Winter aber, wenn sich nur selten der Fuß eines Reisenden dorthin verirrt, sind die Leute sich selbst gegeben und vergnügen sich nach ihrer einfachen Art so gut als der Städter auf Bällen und Redouten. Mit Vorliebe huldigt man dem Maskenscherz, und wenn der Tag hierzu gekommen ist, wird's in dem stillen Markt lebendig; die Nachbarn im weiten Umkreise wandern herbei zu der Gaudi, an der sich Alt und Jung ohne Rückhalt vergnügt. Alle Kammern werden durchstöbert, und es findet sich immer noch genug an närrischer Gewandung, um den Fidelsten unter den Fidelen zu ermöglichen, in abenteuerlichem Aufputz am allgemeinen Ulk teilzunehmen.«

Der aufgeklärte Schreiber aus der Zeit der Gartenlaube berichtet über das Faschingstreiben in dem Geigenmacherort recht genau, tut das aber mit den Augen eines Städters, der sich über die einfachen Freuden des Landvolks sichtlich vergnügt. Mit deutlicher Distanz und städtischer Überheblichkeit registriert er die dortigen Belustigungen, »für die wir Städter längst keinen Sinn mehr haben«. Trotzdem stellt er bei seinem Vergleich mit dem Fasching in der Stadt einige Gemeinsamkeiten fest: »Bei Anbruch der Dunkelheit setzt man den Narrenkultus in den Wirtsstu-

Bild unten: Bettelhochzeit, Gelting

ben doppelt lustig fort, und schließlich gelangen die einfachen Bewohner der Berge zum gleichen Karnevalsresultate wie die raffinierten Städter – am andern Tag hat jeder einen schweren Kopf, aber einen desto leichteren Geldbeutel.«

VERKEHRTE WELT IM FASCHING

»Am Aschermittwoch ist alles vorbei …«, singen die Narren aus Herzenslust und verweisen damit unbewusst auf den Ursprung des Faschings im Christentum, was viele überraschen mag. Fasenacht, Fasching und Karneval sind zwar eine überaus weltliche Zeit, ihre Ursprünge liegen aber im Christentum, in der Liturgie der Kirche. Eine Zurückführung auf heidnische Wurzeln, wie dies die Ideologie des Dritten Reiches versucht hat, ist abwegig und eindeutig widerlegt.

Die Wurzeln des Faschings im Christentum

Entstehung und Sinn der närrischen Zeit sind ohne die nachfolgende Fastenzeit nicht zu verstehen. Nach dem Kirchenlehrer Augustinus stehen sich auf Erden zwei Staaten gegenüber: das Reich Gottes, verkörpert durch Jerusalem, und das Reich des Teufels, verkörpert durch Babylon. Um den Kontrast zu veranschaulichen, wurde die Zeit vor Ostern durch die Kirche dem Teufelsstaat zugewiesen.

Im Mittelalter entstanden viele Bräuche, die die Verrücktheit der Welt, einer Welt ohne Gott, veranschaulichen sollten und sich größter Beliebtheit erfreuten, boten sie doch eine Gelegenheit, sich auszutoben und einmal in eine andere Rolle zu schlüpfen.

Verkörperungen der verrückten Welt waren auch Teufel und Hexen. Es war das Recht der Narren, die geordnete Welt auf den Kopf zu stellen und Dinge zu tun, die sonst untersagt waren. Aus dieser Sicht erklären sich alle Narreteien und Auswüchse, auch im sexuellen Bereich, die von der Kirche immer wieder beklagt wurden.

Von der evangelischen Kirche wurde die Zwei-Staatentheorie von Augustinus nicht gut geheißen, weshalb sie seit Luther versuchte, Fasching und Karneval zu unterdrücken. In protestantisch geprägten Regionen und Städten spielt daher der Fasching bis heute keine besondere Rolle. Die katholische Kirche sah dagegen im Fasching immer eine Vorbereitungszeit auf die nachfol-

gende Fastenzeit und tolerierte daher auch alle Narreteien. Diese positive Einstellung der katholischen Kirche zur närrischen Zeit erklärt zudem, dass die Hauptorte des rheinischen Karnevals die katholisch geprägten Städte Köln, Mainz und Düsseldorf sind. Der Volkskundler Dietz-Rüdiger Moser sah sogar im kommerzialisierten rheinischen Sitzungskarneval noch Relikte der christlichen Überlieferung. Katholisch geprägt sind auch die Zentren der schwäbisch-alemannischen Fasenacht und des Faschings in Altbayern und Schwaben. Im mehr protestantisch geprägten Mittelfranken spielt der Fasching bis heute eine etwas untergeordnete Rolle.

Kirchliche Sympathie
Katholische Regionen
Zentren des Faschings

Der Aschermittwoch stellt immer einen Kontrapunkt dar, er schafft den Übergang von der närrischen, gottfernen Zeit zur kirchlichen Fastenzeit, geprägt von den Geboten Gottes. Die vorösterliche Zeit dauert vierzig Tage, dabei werden aber nach dem Beschluss des Konzils von Benevent im Jahre 1051 die sechs Fastensonntage nicht mitgezählt. Selbst wenn die einst sehr strengen kirchlichen Fastengebote längst ihre Gültigkeit verloren haben, schaffen die etwas ruhigeren Tage nach dem Aschermittwoch eine Zäsur. Der Blick ist jetzt auf Ostern gerichtet.

Faschingsende am Aschermittwoch

Bild oben: Faschingszug in Königsdorf

MÄRZ

März. Monatszyklus von Stephan Kessler (1672), ehemaliges Kloster Benediktbeuern

Der März, nach dem Kriegsgott Mars benannt, ist im römischen Kalender der erste Monat des Jahres, im gregorianischen Kalender der dritte Monat. Er bringt den Frühlingsanfang am 21. März, nach dem sich auch der Termin des Osterfestes richtet. Aus vielen Bräuchen spricht die Vorfreude über das Ende der kalten Jahreszeit und das sich wieder zeigende Wachstum.

Namenstage

3. März: *Kunigunde*
9. März: *Franziska*
19. März: *Josef*
26. März: *Kastulus*

Bauern- und Wetterregeln

Der März soll kommen wie ein Wolf
und gehen wie ein Lamm.

Schnee, der erst im Märzen weht,
abends kommt und morgens geht.

Märzenschnee und Jungfernpracht
dauern oft kaum über Nacht.

Kunigund
macht warm von unt'.

Säst du im März zu früh,
ist's oft vergebne Müh'.

Zu Mariä Verkündigung (25. März)
kommen die Schwalben wiederum.

MIT FUNKENFEUER IN DIE FASTENZEIT

Feuer der Freude

Als noch nicht elektrisches Licht jedes Haus und jede Straße hell erleuchtete, haben die Menschen das Ende des Winters mehr herbeigesehnt als heute. Deshalb wurde sein nahes Scheiden mit Jubel begrüßt und gefeiert. Nach einem alten Brauch werden im Allgäu, sowie in Oberschwaben und am Bodensee, im Schwarzwald und in der Schweiz am Abend des ersten Fastensonntags Feuer entzündet, in froher Erwartung des Frühlings.

Der Ursprung dieses Brauches ist ungeklärt. Lange Zeit wurde er auf heidnische Wurzeln zurückgeführt, eine Interpretation, die im 19. und 20. Jahrhundert, vor allem auch in der NS-Zeit vertreten wurde. Die wissenschaftliche Volkskunde stellt heute Bezüge zur schwäbisch-alemannischen Fastnacht und damit zum christlichen Jahreslauf her. Das könnte auch das Verbrennen einer Hexenpuppe erklären.

Bezüge zur mittelalterlichen Hexenverbrennung sind aber auf jeden Fall abwegig. Bei der »Hex«, die im Allgäu dem Feuer übergeben wird, handelt es sich um eine große Strohpuppe, befestigt an einer langen Stange inmitten eines Holzstoßes, der aus allerlei Abfallholz, Baumästen, Holzkisten, Brettern, Stangen, Balken und Reisig mit großer Sorgfalt errichtet wird. Alles Brennbare kommt in den Holzstoß.

Bild links: Vorbereitetes Feuer mit Funkenhexe

Bild rechts: Funkenfeuer am Forggensee im Allgäu

Damit der »Funken« nicht von Witzbolden schon vorher entfacht wird, bewachen ihn die Burschen in den vorausgehenden Nächten.
Unter dem Einfluss des Christentums sah man in der Hexe die Verkörperung des Judas, der Jesus verraten hatte. In der Gegend um Schongau und im mittleren Lechgebiet spricht man deshalb noch heute von der »Judasverbrennung«.
Das Entzünden des Funkens ist immer ein feierlicher Akt, den sich niemand entgehen lassen will. Der Höhepunkt ist immer, wenn die Hexe in den Flammen lodert. Nun werden auch die mitgebrachten Fackeln entzündet, sodass es zu einem Lichtermeer rund um den Holzstoß kommt. Bei so viel Licht und Wärme vergessen die Zuschauer die Kälte und Finsternis der Winternacht.
Im Funkenfeuer haben sich noch uralte Vorstellungen erhalten, die zu manchem Aberglauben führten. So war man früher davon überzeugt, dass ein Jahr umso fruchtbarer wird, je höher die Flammen lodern. Und wer ein Funkenfeuer sah, der sollte vor Krankheit und Unglück und auch vor Feuersgefahr geschützt sein. Die Asche des Funkenfeuers galt als heilbringend und wurde auf die Felder verteilt.

HARTE FASTENZEIT

Abstinenz und Buße

Wenn auch der religiöse Kern des Aschermittwochs heute weitgehend ignoriert wird, bringt dieser Tag doch eine Zäsur: Es beginnt die vorösterliche Zeit, die Fastenzeit. Sie dauert 40 Tage, und dies ist nicht ohne tiefere Symbolik. Das Volk Israel war 40 Jahre auf dem Weg durch die Wüste ins Gelobte Land. Moses blieb 40 Tage zum Gebet auf dem Berg Sinai. Jesus fastete 40 Tage und Nächte vor seinem öffentlichen Auftritt in der Wüste.

Ist heute vom Fasten die Rede, denkt man meist an eine freiwillige Einschränkung beim Essen und Trinken aus gesundheitlichen Gründen, auch um Figurprobleme zu lösen. Doch Fasten ist eine geistliche Übung, die man nicht nur im Christentum, sondern auch in vielen anderen Religionen, z. B. im Islam, kennt. Im Christentum werden die Gläubigen seit dem Mittelalter zum Fasten aufgerufen.

Bild unten: Aschenauflegung am Aschermittwoch

Strenge Fasten- und Abstinenzgebote

Nach den kirchlichen Fastengeboten waren der Verzehr vom Fleisch warmblütiger Tiere und der Genuss von tierischen Produkten wie Milch, Käse, Butter und Eier untersagt. Die Einhaltung dieser Abstinenzgebote wurde sogar von der weltlichen Obrigkeit streng kontrolliert, z. B. durch Besuche in Gaststätten. Kam es zu Verstößen, so wurden rigorose Strafen verhängt. Bei den sinnlichen Genüssen dachte die Kirche auch an das Eheleben. Hier war in den Wochen vor Ostern Enthaltsamkeit geboten, eine Ausnahme bildeten lediglich die sechs Fastensonntage, an denen auch der Genuss von Fleisch erlaubt war.

Damit die Fastengebote gewissenhaft beachtet wurden, zogen in der Barockzeit Mönche durchs Land und redeten dem Kirchenvolk hart ins Gewissen. Sie hämmerten ihm ein, dass ein Verstoß gegen die Fasten- und Abstinenzgebote der sichere Weg ins Verderben sei. Besonders eifrig und leidenschaftlich taten dies die Kapuziner. Der Bekannteste unter ihnen war der Wiener Hofprediger Abraham a Santa Clara (1644–1703), der eigentlich Ulrich Megerle hieß. Seine Predigten ließen an Klarheit nichts zu wünschen übrig. In drastischen Worten lobte er die Tugend des Fastens: »Um das Fasten ist es eine heilige Sach. Der Abbruch der Speisen ist dem Satan ein Abbruch. Viel essen macht vermessen, viel trinken macht hinken und stinken.«

Zum Glück forderten früher nicht alle geistlichen Herren so rigoros die Einhaltung des Fasten- und Abstinenzgebotes. Einige hatten sogar ein gewisses Mitgefühl mit ihren vom Fasten geplagten Schäflein. Der niederbayerische Geistliche Josef Schlicht stellte vor 100 Jahren fest: »Das Fasten geht den Bayern gegen den Strich. Denn der Bayer besitzt vom Mutterleib

Kirchliche Dispens

einen kerngesunden Magen, der eher zu weit als zu eng ist.« Was nicht ausbleiben konnte: Die strengen Fasten- und Abstinenzgebote wurden immer wieder umgangen. So gab es in vielen Münchner Gaststätten sogar sogenannte »Fastendiners«. Und da kam manches auf den Tisch, was im eklatanten Widerspruch zu den strengen Fastenregeln stand. Auf der Speisekarte wurden Delikatessen wie Fischotter, Biber, Wasservögel und recht erlesene Mehlspeisen offeriert. Diese Völlerei war der Geistlichkeit natürlich ein Ärgernis. Ein Chronist im 19. Jahrhundert klagte: »Es ist ein unbeschreibliches Getümmel, wie sich die feuchtfröhlichen Massen in der Fastenzeit an Tischen und Bierfässern lagern.«

Mit der Zeit kam es auch von kirchlicher Seite zu einer Lockerung der strengen Vorschriften. Papst Julius III. gab im 16. Jahrhundert eine Dispens – die Befreiung von einem Verbot – für den Verzehr von tierischen Grundnahrungsmitteln, vor allem von Butter, Milch und Käse.

Verbot von Eiern

Keine Ausnahme gab es allerdings für die Eier. Auf sie sollte auf jeden Fall in der Fastenzeit verzichtet werden. Die theologische Begründung war eindeutig: »Ovum enim nihil aliud est quam caro liquida.« – »Das Ei ist nämlich nichts anderes als flüssiges Fleisch.«

Bei der strengen Auslegung der Vorschriften war es nicht verwunderlich, dass es allerorten bis Ostern zu einem gewaltigen Eierberg kam. Um den Eieranfall in der Fastenzeit etwas zu reduzieren, wurden die Bauern von der Obrigkeit sogar angehalten, ihren Hühnerbestand zu dezimieren. Deshalb wurde die Abgabe von so genannten »Fastnachtshühnern« verlangt. Erst als die Fastenvorschriften weniger streng gehandhabt wurden, verzichtete man auf die Ablieferung der Fastnachtshühner.

Keinen Verstoß gegen die strenge Fastenordnung sah die Kirche im Verzehr von Fischen sowie von Tieren mit kaltem Blut. Dazu zählten Schnecken, Schildkröten, Frösche, See- und Flusskrebse und Muscheln. Mit dieser Dispens wurden die Möglichkeiten, die Fastenzeit einigermaßen unbeschadet zu überstehen, beträchtlich erweitert. Das erkannte man auch in den Klosterküchen und sorgte für ein großes Angebot an Fischen aus eigener Anzucht.

Klösterliche Fastenzeit

Wie schwer das Fasten auch den Klosterbrüdern gefallen sein muss, beweist eine Notiz in der Chronik im Stift Vornbach bei Passau: Da nur Öl zum Kochen, aber kein Fleisch erlaubt war, Öl aber nicht zu beschaffen war, erbat der Abt eine päpstliche Dispens, dass den Mönchen von den Zehentbauern wenigstens ein Schwein geliefert werden dürfe.

Recht amüsant ist da eine Geschichte von den »verwandelten« Fastenspeisen. Wenn nämlich den Klosterherren das fleischlose Essen gar nicht mehr schmeckte, soll so mancher Abt zu einem Spanferkel gesagt haben: »Baptisto carpem!« – »Ich taufe dich Karpfen!« Nun konnte man sich ohne schlechtes Gewissen an den Leckerbissen aus der Klosterküche erfreuen. Solche Ausnahmen erlaubte man sich vor allem an hohen Feiertagen und beim Besuch von Gästen.

GUTES AUS DER FASTENKÜCHE

Köstliche Fastenspeisen

Die einst so strengen Fastengebote machten auch Pfarrhaushälterinnen zu schaffen, sie mussten erfinderisch sein, um ihre strengen geistlichen Herren zufrieden zu stellen. Und so klagte manche Pfarrhaushälterin, dass sie die Fastenzeit in die »bitterste Verlegenheit« stürze. Gleichwohl verstanden sie es aber stets, aus den erlaubten Nahrungsmitteln etliche Gerichte auf den Tisch zu bringen, mit denen die Fastenzeit erträglich wurde.

Für die Pfarrersköchin Anna Huber aus Regensburg erforderte die Fastenküche stets das meiste Nachdenken und den meisten Aufwand von Geschicklichkeit. Ihre Erfahrungen und Tipps hielt sie in einem Kochbuch fest, das sie 1870 unter dem Titel »Die vollständige Fastenküche« veröffentlichte. Ihr Angebot an Fastenspeisen reichte von Brot- und Kartoffelsuppen über Gemüsesuppen bis zu Schnecken-, Fisch-, Krebs- und Biersuppen, die jedem geistlichen Herrn in der kargen vorösterlichen Zeit gut mundeten. Und natürlich fehlten auch nicht köstliche Mehlspeisen wie Pfannkuchen, Dampf- und Rohrnudeln.

Dampfnudeln – beliebte Mehlspeise

Was in Klöstern und Pfarrhäusern in der Fastenzeit auf den Tisch kam, davon konnten die kleinen Leute nur träumen. Sie hielten sich gehorsam an die Fastengebote und begnügten sich mit Wassersuppe, Kartoffelgerichten in allen Variationen und Sauerkraut.

Und auch das war möglich: Wer aus irgendwelchen Gründen nicht fasten konnte oder wollte, konnte sich eine Dispens in Rom beschaffen. Aber die war nur gegen ein Bußopfer oder eine Geldspende zu erreichen.

SALVATOR – ST. VATERBIER

Bierflüssige Nahrung

Um die strengen Fastengebote elegant zu umgehen, waren einige Klöster recht erfinderisch. So wollten sie dem Hungergefühl mit flüssiger Nahrung etwas entgegenwirken. Und damit man ja kein schlechtes Gewissen haben musste, war auch gleich eine handfeste Regel zur Hand: »Potus non frangit jejunium.« – »Trinken bricht nicht das Fasten.«

Da in dieser Regel nichts über die Quantität ausgesagt ist, konnte jeder selbst sein persönliches Maß festlegen. Vom Frater Brauer im Kloster Andechs wird überliefert, dass auch er der Fastenzeit seinen Tribut zollen wollte, aber eben nur so weit, wie er es schaffte: Er trank in der Fastenzeit zur Buße statt der täglichen 18 Maß nur noch 10 Maß Bier!

In München begannen die frommen Paulaner-Mönche 1634, ein spezielles »Fastenbier« zu brauen. 1752 erhielten die Mönche die Erlaubnis, zum Namenstag

Historische Postkarte vom Salvatoranstich

ihres lieben Ordensvaters Franz von Paula ein malzreiches, besonders nahrhaftes »St. Vaterbier« oder »Heilig-Vater-Bier« herzustellen und auch auszuschenken. Im Volksmund wurde das Starkbier bald als »Salvator« bekannt.

1780 fand der erste öffentliche Anstich des Salvators statt. Dabei wurde dem Landesvater Kurfürst Karl Theodor vom Braumeister, dem Bruder Barnabas, ein Hum-

Salvatoranstich 1881

pen mit einem besonders großen Fassungsvermögen überreicht. Der Frater Barnabas soll dem Kurfürsten den ersten Humpen mit den Worten überreicht haben: »Salve pater patriae!« – »Sei gegrüßt, Vater des Vaterlands!«

Salvatoranstich auf dem Nockherberg

An die klösterliche Tradition knüpft bis heute eine große Münchner Brauerei an, die in ihrer Wirtschaft auf dem Nockherberg alljährlich das beliebte Fastenbier, den Salvator, ausschenkt. Das ist fast ein feierlicher Staatsakt. Anwesend sind dabei das ganze bayerische Kabinett und viele wichtige Leute aus Politik, Wirtschaft, Kultur und High Society. Nach altem Brauch überreicht der Hausherr der Brauerei dem bayerischen Ministerpräsidenten die erste Maß mit den Worten: »Salve pater patriae. Bibas, princeps optime!« – »Sei gegrüßt, Vater des Vaterlands! Trinke, bester Fürst!«

Der Salvator ist längst nicht mehr das einzige Starkbier. So gibt es von anderen Brauereien einen Triumphator, einen Animator, einen Delicator und einen Operator. Ein wohlklingender Name weckt eben den großen Durst. Nun kann die »fünfte Jahreszeit« in Bayern anbrechen, die Starkbierzeit, die zwei Wochen dauert. Zu Tausenden strömen nicht nur die Münchner in diesen Tagen zu den großen Bierburgen.

JOSEF – DER VOLKSHEILIGE

Geliebter Nährvater

Josef wird in der Bibel zwar nur selten erwähnt, dennoch erfreute er sich bei den Christen zu allen Zeiten großer Beliebtheit. Er stand aber immer im Schatten von Jesus, seinem Sohn, und dessen Mutter Maria. Legenden zeichnen von ihm das Bild des treu sorgenden Nährvaters des Jesuskindes.

Josef, der aus dem Geschlecht David stammte und als Zimmermann in Nazareth arbeitete, war nach den Worten der Heiligen Schrift mit Maria verlobt, die noch vor ihrem Zusammenleben ein Kind empfing, was ihn in eine tiefe Krise stürzte. Ein Bote Gottes klärte ihn aber im Traum über das göttliche Einwirken auf.

Als der römische Kaiser Augustus eine Volkszählung anordnete, begab sich Josef mit Maria nach Bethlehem, wo sie in einem Stall das göttliche Kind gebar. Auf den Rat eines Engels floh Josef mit Maria und dem Kind nach Ägypten, weil der König Herodes von Judäa es töten wollte. Erst nach Herodes' Tod kehrten sie nach Nazareth zurück. Ein letztes Mal wird Josef erwähnt, als der zwölfjährige Jesus an der Osterwallfahrt teilnahm. Wann, wie und wo Josef starb, ist unbekannt.

Josef mit dem Jesuskind, Franziskanerkloster Bozen/Südtirol

Josef ist bis heute ein populärer Heiliger, dessen Verehrung sich im 13. Jahrhundert im Abendland ausbreitete, gefördert durch die Bettelorden. Pius XI. erklärte ihn 1870 zum Schutzpatron der katholischen Kirche. Daneben ist er der Patron der Eheleute und der Familie sowie vieler Berufsgruppen, z. B. der Wagner, Schreiner und Zimmerleute, und wird in vielen Nöten und Anliegen angerufen, besonders als Helfer für eine gute Sterbestunde.

Künstler haben den Heiligen meist als alten Mann dargestellt, weil er der Legende nach bei der Verlobung mit Maria bereits betagt gewesen sein soll. Bilder zeigen ihn auch oft mit dem Jesuskind, mit Zimmermannswerkzeug, Lilie und Wanderstab.

Obwohl der Josefitag 1968 in Bayern als gesetzlicher Feiertag abgeschafft wurde, findet er in traditionell orientierten Familien und Vereinen noch Beachtung. Das Namensfest aller Seppen, Sepperl und Josefinen wird gebührend im Familien- und Freundeskreis gefeiert – für viele eine angenehme Unterbrechung der Fastenzeit. Die »Königlich-Bayerische Josefspartei« bemüht sich seit Jahren um die Wiedereinführung des Josefitages als geschützten Feiertag.

APRIL

April. Monatszyklus von Stephan Kessler (1672), ehemaliges Kloster Benediktbeuern

Der April ist im gregorianischen Kalender der vierte Monat. Der Name kann vom Lateinischen »aperire« für »öffnen« oder von »apericus« für »sonnig« abgeleitet werden – ein Hinweis auf die sich öffnenden Knospen im Frühling.
Im April wird meist das Osterfest gefeiert, das Fest der Auferstehung und des Frühlings. Die Feier von Ostern ist mit vielen traditionellen Bräuchen verbunden.

Namenstage

5. April: *Crescentia*
12. April: *Zeno*
21. April: *Konrad*
23. April: *Georg*
25. April: *Markus*

Bauern- und Wetterregeln

Der April tut,
was er will.

Palmen im Klee,
Ostern im Schnee.

April windig und trocken,
macht das Wachstum stocken.

Wenn der April Spektakel macht,
gibt's Korn und Heu in voller Pracht.

Auf Sankt Georgs Güte
stehen alle Bäum in Blüte.

Aprilwetter und Kartenglück
wechseln jeden Augenblick.

PASSIONSSPIELE IN BAYERN

Karfreitagsprozessionen als Vorläufer

In der Zeit der Gegenreformation entstanden an vielen Orten in Bayern Passionsspiele, in denen das Leiden und Sterben Christi szenisch veranschaulicht wurde. Eine wichtige Wurzel der Spiele stellten die Karfreitagsprozessionen dar, die im späten Mittelalter in manchen Kleinstädten und Märkten entstanden. Eine Hochblüte erlebten diese und andere fromme Prozessionen durch das Trientiner Konzil (1545–1563). So entstand in Dillingen bereits im Jahre 1570 die erste Karfreitagsprozession in Bayern.
Die Karfreitagsprozessionen wurden in der Barockzeit mit großer Frömmigkeit und Hingabe an vielen Orten durchgeführt. Wie an Fronleichnam wurden sie oft überreich ausgeschmückt und erfreuten sich deshalb beim Volk großer Beliebtheit.

Angesichts vieler Auswüchse stand man den Umzügen aber zunehmend, auch von kirchlicher Seite, ablehnend gegenüber. So wurde die große Prozession in Würzburg in der Mitte des 18. Jahrhunderts, noch vor dem Verbot der Jesuiten im Jahre 1773, abgeschafft. Die bayerische Regierung verlangte vor allem eine Reduzierung der gezeigten Bilder. Erhalten geblieben ist der fromme Brauch der Karfreitagsprozessionen lediglich in Lohr am Main in einer vereinfachten Form. Das heutige Bildprogramm beschränkt sich auf zwölf Darstellungen aus dem Kreuzweg Jesu.

Passionsspiele an vielen Orten

Mancherorts entwickelten sich aus den Karfreitagsprozessionen mehrtägige Spiele. Nach einer zeitlichen Unterbrechung durch den Dreißigjährigen Krieg erlebte die Passionsspieltradition im 17. und 18. Jahrhundert durch die Gründung neuer Orden, z. B. des Kapuzinerordens, einen neuen Aufschwung. In Oberbayern sind im 18. Jahrhundert Spiele u. a. in folgenden Orten nachweisbar: Aibling, Altomünster, Altötting, Aschau, Dachau, Erding, Fürstenfeldbruck, Garmisch-Partenkirchen, Grafing, Kiefersfelden, München, Mittenwald, Oberaudorf, Rosenheim, Traunstein, Wasserburg. Spielorte waren in Niederbayern u. a. Deggendorf, Fürstenzell, Kelheim, Kösslarn und Straubing, in der Oberpfalz Amberg, Cham, Kötzting, Regensburg, Riedenburg, Waldmünchen und Weiden. In Erl in Tirol fand das erste Passionsspiel 1613, in Waal 1626 und in Oberammergau 1633 statt. Auslöser für die Spiele war meist ein Pestgelübde.

Der barocken Praxis widersprach es keineswegs, dass nicht überall Originaltexte den Spielen zugrunde lagen. Meist begnügte man sich mit Abschriften und Bearbeitungen, die individuell unter Einbeziehung lokaler Besonderheiten verändert wurden. Aus dem 17. Jahrhundert liegen uns keine verbindlichen Texte vor, nach denen gespielt wurde. Man legte darauf auch keinen besonderen Wert und übernahm die von Jesuiten, Kapuzinern, Franziskanern und Benediktinern verfassten geistlichen Stücke. Eine erste belegbare Textvorlage schuf 1750 der Ettaler Benediktinerpater Ferdinand Rosner (1709–1778) mit seinem Oberammergauer Passionsspiel.

Kreuzigungsszene, Oberammergau

Verbot der Passionsspiele

Neben der religiösen Seite zeigten die Passionsspiele zunehmend auch ein recht weltliches Gesicht, waren doch Handwerker wie Kistler, Maler, Schneider, Brauer, Wirte, Bäcker und Metzger Nutznießer der viel besuchten Aufführungen. Daneben fanden in die Spiele derbe Szenen Eingang, z. B. Krämerszenen und die Höllen-

fahrtsszene des Judas, wo mehrere Teufel unter Lärm zum Gaudium der Zuschauer auftraten.
Angesichts der zahlreichen Passionsspielorte wurden von der Kirche Einschränkungen verfügt. 1770 wurden die Spiele von staatlicher Seite abgeschafft. Das Verbot wurde aber von manchen Gemeinden ignoriert, sie scheuten auch die angedrohten Strafen nicht und sammelten im Voraus, um die zu erwartenden Strafen bezahlen zu können. Viele Spielorte richteten Bittgesuche an die Regierung um Genehmigung von Aufführungen. Als Gründe wurden u. a. Gelübde der Vorfahren und Angst vor schlimmer Strafe angeführt. In Altbayern gelang es neben Waal in Schwaben und Erl und Thiersee in Tirol lediglich Oberammergau, sein Pestgelübde bis heute zu erfüllen. In dieser Tradition, die bis ins Jahr 1633 zurückreicht, führt die Marktgemeinde alle zehn Jahre das Passionsspiel auf. Trotz einer wachsenden Säkularisierung ist seine Anziehungskraft bis heute ungebrochen.

ÖLBERGSPIELE – EIN BAROCKER BRAUCH

Theatralische Inszenierungen

Wie die Passionsspiele wollten auch Ölbergspiele am Gründonnerstag die Gläubigen anregen, sich in die Todesangst Jesu auf dem Ölberg, die »agonia«, zu vertiefen. Sie wurde ursprünglich mit lebenden Personen veranschaulicht, im 18. Jahrhundert traten an ihre Stelle Figuren aus Holz. Besonders gefördert wurde die Passionsfrömmigkeit durch die Kapuziner und Franziskaner. Zur Zeit der Aufklärung waren Bühnenaufführungen der Liturgie in Verruf geraten, da sich Missbräuche bei den Aufführungen eingeschlichen hatten. So wird berichtet, dass viele Menschen von Ort zu Ort zogen, um die Passions-»Komödien« mitzuerleben, und das während der Woche. Deshalb wurden diese Spiele ab 1770 von staatlichen und auch kirchlichen Stellen verboten, trotz des Widerstandes der Gläubigen. Im 19. Jahrhundert kam es zu einer Lockerung des Verbotes und vereinzelt auch zu einem Neubeginn der alten Spieltradition.

Aufführung am »Fastenpfinsta«

An einigen Orten entstanden so wieder szenische Darstellungen zu den Ölbergandachten, etwa in dem kleinen Ort Reischach bei Altötting, erstmals belegt 1844, und vor allem in Dietfurt im Altmühltal. Hier wird bis heute, jeweils an den Donnerstagen der Fastenzeit, an den »Fastenpfinsta«, ein Ölbergspiel in der Franziskanerkirche aufgeführt. Die mit schwarzen Tüchern verhängten Fenster schaffen eine düstere, besinnliche Stimmung. Im Rahmen einer feierlichen Andacht mit Predigt und Chorgesängen werden in drei Szenen die Todesangst Christi, sein Ringen mit sich selbst und Gottvater dargestellt.
Das große, durch einen Vorhang abgedeckte Altarbild ist die Bühne des geistlichen Schauspiels. Die Kulissen zeigen den Garten Getsemani mit der Stadt Jerusalem im Hintergrund. Auf beiden Seiten ruhen die schlafenden Apostel. In der Mitte kniet Jesus – eine bewegliche, bekleidete Figur aus Holz. In den drei »Fällen« lässt sich ein Kreuz auf ihn herab und ruht eine Weile auf ihm. Wenn sich die Christus-

figur wieder erhebt, schwebt ein Engel, dargestellt von einem Kind, mit einem Kelch und einem Kreuz in der Hand vom Himmel herab, um Jesus für das kommende Leiden und Sterben zu stärken. Das geistliche Spiel, das in seiner heutigen Form bis in die Barockzeit zurückreicht, findet auch heute noch großes Interesse.

PALMZWEIGE UND PALMESEL

Weihe der Palmbuschen

Der sechste Fastensonntag, der Palmsonntag, steht am Beginn der Karwoche. An diesem Tag erinnern sich die Christen an den Einzug Christi in Jerusalem: Jesus ritt auf einer Eselin durch die Tore der Stadt Jerusalem, seine Anhänger riefen lautstark »Hosianna« und streuten zum Zeichen seiner Königswürde Palmzweige auf den Weg.

Im Mittelpunkt der liturgischen Feier des Palmsonntags steht seit Jahrhunderten die Weihe der »Palmen«, die bei uns ersatzweise Weidenkätzchen sind, ergänzt durch Buchsbaum und Immergrün, Wacholder und Stechpalmen. Die Zweige mit den kleinen Kätzchen werden nach altem Brauch zu einem »Palmbuschen« gebunden. Die einfachste Form ist ein Büschel, der in der Hand getragen wird. Gern werden die Weidenkätzchen mit dem grünen Beiwerk kunstvoll zu kleinen Kränzen, Herzen, Kreuzen oder langen Kolben gebunden. Die Palmzweige werden mit bunten Bändern zusätzlich fein herausgeputzt. In manchen Gebirgsorten behängt man sie noch mit kleinen Brezen (»Fastenbrezen«), rotbackigen Äpfeln und Papierrosen.

In einer ganz »herausragenden« Form werden die Palmbüschel z. B. im Werdenfelser und im Tölzer Land, aber auch im Inntal zur Kirche getragen. Die Palmbuschen werden an möglichst lange Stecken gebunden. Nicht selten sind die »Palmbesen«, wie man die langen Palmstangen auch nennt, so lang, dass sie die Körperkräfte der Kinder übersteigen. Deshalb müssen ihnen die Eltern zur Seite stehen, haben doch die Palmstecken nicht selten eine Länge von bis zu acht Metern.

Im Berchtesgadener Land wird gleich ein ganzer »Palmbaum« zur Weihe in die Kirche getragen. Dabei handelt es sich um einen großen, möglichst stark verästelten Zweig der Palmweide, der bis zu 1,50 Meter hoch sein kann. Nach altem Brauch wird im Land um den Watzmann der Palmbaum mit bunt gefärbten Holzspänen, den »Gschabert-Bandeln«, sowie mit ausgeblasenen Eiern behängt.

Kreuz mit Palmzweigen

Gewöhnlich lässt der Berchtesgadener Bauer zwei Palmbäume weihen: Der eine bekommt einen Ehrenplatz unterm Dachfirst, der andere wird aufs Feld oder in den Garten gesteckt, damit es eine gute Ernte gibt. Dieser Brauch zeigt recht deutlich: Den Palmzweigen, ganz gleich in welcher Form sie zum Segnen in die Kirche getragen werden, misst man besondere Kräfte zur Abwehr von Krankheiten und Unwettern und zum Anregen der Fruchtbarkeit in Haus und Feld bei. Und deshalb wird das Palmgebinde auch immer sorgfältig aufbewahrt. Nach altem Brauch kommen die Zweige an das Kreuz im Herrgottswinkel der Stube, aber auch in den Stall und die Scheune.

Freude über den Palmbüschel

Palmzweige als Glücksbringer

Da man in die geweihten Palmkätzchen so viel Vertrauen setzte, gab man gern dem Vieh eine Handvoll ins Futter, um es gegen Druden und Hexen zu schützen. Am Palmsonntag sollte auch jeder in der Familie einige Palmkätzchen schlucken und sich so gegen mancherlei Halskrankheiten schützen. Zur Abwehr von Gewittern und Unwettern warf die Bäuerin einen Zweig ins Herdfeuer. Darüber hinaus galten die geweihten Zweige auch als Glücksbringer.
Das Böse abwehren und Glück und Segen bringen sollten auch die geweihten Palmkätzchen, die man früher einer Braut ins Ehebett nähte. An ihre Segenskraft glauben noch heute viele Bauern und Sennerinnen, wenn sie im Frühjahr vor dem Auftreiben jedem Tier mit dem Palmbuschen ein Kreuz auf den Rücken zeichnen. In einer Zeit ohne Brandversicherung vertraute man sogar auf die Feuer abwehrende Kraft der Palmzweige. In Oberaudorf am Inn sagte man:

»Balst a Palmkatzerl nimmst
und steckts es auf's Haus,
na kimmt dir deiner Lebtag
koa Feuer net aus.
Mei Ahndl hat's gsagt,
und i glaab, es is wahr,
wo a Palmkatzerl steckt,
is's Brinna glei aus.«

Palmeselprozessionen – heute vergessen

Bis ins Mittelalter lässt sich der Brauch zurückverfolgen, nach der Weihe der Palmzweige eine Prozession durchzuführen. Damit sollte an den Einzug Jesu in Jerusalem erinnert werden. Der älteste Beleg für einen Umzug findet sich in einer Biografie des heiligen Ulrich, der 923 Bischof von Augsburg wurde. Bereits damals führte man bei der Prozession ein Bildnis des Heilands, des Salvators, auf einem Esel reitend, mit. Aus Aufzeichnungen wissen wir, dass es anfangs ein richtiger Esel war, auf dem ein kostümierter Geistlicher als Christusdarsteller saß. Da der Esel aber nur allzu oft seine sprichwörtliche Störrigkeit zeigte, tauschte man das lebende Tier mit einem hölzernen Esel aus, auf den man eine Christusfigur setzte. In mittelalterlichen Chroniken wird oftmals von solchen Palmeselprozessionen berichtet. Ein derartiges »Umziehen« war in ganz Süddeutschland, aber auch in Österreich ein beliebter Brauch. Die Kirche wollte damit den trockenen biblischen Text den Gläubigen veranschaulichen.

Im ausgehenden 18. Jahrhundert ging das Verständnis für diese religiöse Darstellung mehr und mehr verloren, zumal man die Palmesel mit Blumen, ja sogar mit Backwerk, Würsten und Ketten von Eiern behängte. Aus historischen Niederschriften weiß man, dass es nur allzu oft bei den Umzügen recht turbulent zuging und diese in bloße Volksbelustigung und Ulk ausarteten. So wurde das unheilige Spektakel von kirchlicher Seite verboten, was auch dem Geist der Aufklärung entsprach.

Einige Palmesel noch erhalten

Nun ereilte die in Misskredit geratenen Palmesel ein böses Schicksal: »Eselsmetzger« zogen durchs Land und schlugen ihnen Ohren und Köpfe ab. Mit großer Gründlichkeit zersägte und verbrannte man die geächteten Prozessionsesel. Nur einige wenige Exemplare konnten dem staatlichen Zugriff entzogen werden. Man versteckte sie in Glockentürmen, in Scheunen und auf Dachböden. So gelang es,

Palmweihe, Gelting

Bild unten: Weihe der Palmzweige, Bad Heilbrunn

dass einige wenige Stücke die Stürme am Ende des 18. Jahrhunderts überleben konnten. Vereinzelt findet man sie noch da und dort in Heimatmuseen, Kirchen und Klöstern oder in Privatbesitz. Zu den ältesten erhaltenen Palmeseln in Bayern zählt jener von Petersthal im schwäbischen Landkreis Oberallgäu aus der Zeit um 1310. In der Pfarrkirche Erlach bei Simbach am Inn steht ein kunstvoller Palmesel aus der Zeit um 1470, den ein Bauer rettete: Er kaufte in der Säkularisation das Prachtexemplar und versteckte es auf dem Dachboden. Im niederbayerischen Kloster Metten stellte man einen Palmesel aus der Rokokozeit in den prächtigen Bibliothekssaal. Ein besonders schöner Palmesel aus Ottenstall bei Kempten hat einen Ehrenplatz im Bayerischen Nationalmuseum gefunden. Palmesel überlebten auch im Kloster Scheyern, in der Pfarrkirche in Landsberg/Lech und in Kößlarn in Niederbayern.

Noch einige Palmeselumzüge

Mit der Vernichtung der hölzernen Palmesel brachte man vor 200 Jahren auch den alten Brauch der Palmeselprozessionen zum Aussterben. Im aufgeklärten 19. Jahrhundert hatte man für derartige szenische Umzüge keinerlei Verständnis mehr, und so gerieten die einst so beliebten Palmesel in Vergessenheit, bis auf wenige Gebiete, wo man sich die Palmeselprozession nicht nehmen ließ. In einigen Orten gelang es, sie fast ohne Unterbrechung und abgeschirmt von der staatlichen und kirchlichen Aufsicht weiterzuführen. Ein Musterbeispiel dafür ist der stolze Marktflecken Kößlarn im niederbayerischen Rottal. Hier steht in einer Kapelle noch der mittelalterliche Palmesel, mit dem man am Palmsonntag wie eh und je durch den Ort zieht.

Eine besonders eindrucksvolle Palmeselprozession im Stil der Barockzeit kann man bis heute in dem berühmten Tiroler Krippendorf Thaur in der Nähe von Hall bei Innsbruck erleben. Hier formieren sich am Morgen des Palmsonntags nach dem Gottesdienst in der Pfarrkirche die Gläubigen wie seit Jahrhunderten zu einem Umzug mit einem prächtigen Palmesel zu einer dem heiligen Romedius geweihten Bergkapelle. In der langen Prozession werden von Kindern an Stecken gebundene Palmbüschel mitgetragen.

Der Palmesel wird auf vier Rädern von Ministranten den Berg hinauf gezogen. Nach einer kurzen Andacht in der Bergkirche geht es wieder bergab. Nun müssen die Ministranten behutsam bremsen, um die wertvolle Christusfigur heil zur Pfarrkirche zurückzubringen. Es ist eindrucksvoll, in welch tiefer Frömmigkeit die Gläubigen in Thaur das Geschehen vom Palmsonntag in Jerusalem auf ihre Weise nachvollziehen.

GRÜNDONNERSTAG – ANTLASSTAG

Schweigende Glocken

Mit dem Gründonnerstag tritt die Kirche in die Passion Christi ein. Das Wort geht auf das mittelhochdeutsche »greinen« zurück, was so viel wie »weinen« bedeutet. Sicherlich nichts zu tun hat es mit Grünzeug, das an diesem Tag traditionell auf den Speisetisch kommt. Nach altem Volksglauben soll man nämlich an diesem Tag viel »Grünes« aus dem Garten, also Salat, Spinat und Kresse, essen. Im Bayerischen Wald sollten es früher sogar zwölf Kräuter sein, um die Gesundheit für das ganze Jahr zu garantieren und das Fieber fernzuhalten.

In manchen ländlichen Gegenden heißt der Gründonnerstag noch heute »Antlasstag«. Damit wird daran erinnert, dass im Mittelalter am Gründonnerstag die öffentlichen Büßer aus der Kirchenbuße entlassen und wieder in die Kirche aufgenommen wurden. »Antlasseier« waren früher sehr geschätzt. Dies sind am Gründonnerstag gelegte Eier. Sie sollten besonders heilkräftig sein und Gesundheit und Lebenskraft verleihen. Die Bauern bewahrten sie immer gut auf, damit sie Haus und Hof vor Brand und Blitzschlag schützten.

Ratschen statt Glocken

Mit dem Gründonnerstag verstummen zum Zeichen der Trauer alle Kirchenglocken bis zur Osternacht. Der Volksmund sagt: »Die Glocken fliegen nach Rom.« An ihre Stelle treten die Ratschen oder Klappern. Dabei kann es sich um Hammerratschen, Walzenratschen oder Schubkarrenratschen handeln. Früher zogen in manchen Dörfern Buben und Mädchen am Gründonnerstag und Karfreitag mit ihren Ratschen durch die Straßen und riefen so zum Gottesdienst, ein Brauch, der da und dort noch gepflegt wird, z. B. in Wessobrunn. Am Karsamstag wurden die Buben dann für ihren Ratschendienst mit Ostereiern oder Geld belohnt. An diesem Tag endet das Ratschen und Klappern.

Königliche Fußwaschung

Beim letzten Abendmahl, das Jesus mit seinen Jüngern am Gründonnerstag feierte, hat er an seinen Jüngern nach alter jüdischer Sitte die Fußwaschung vorgenommen. Daran erinnert die Zeremonie, die seit dem II. Vatikanischen Konzil (1962–1965) am Gründonnerstag in Bischofs- und Klosterkirchen vollzogen wird. Damit knüpfte man an eine jahrhundertealte Tradition an, die bis ins Mittelalter zurückreicht.

Bild oben: Buben mit Karfreitagsratschen, Bad Heilbrunn

Heiliges Grab, Wolfratshausen

Zur Zeit der Monarchie war es in Bayern fester Brauch, dass vom herzoglichen Hof zwölf arme, über 85 Jahre alte Männer aus dem ganzen Land zur Fußwaschung nach München gerufen wurden, was als eine hohe Ehre und Auszeichnung galt. Seit den Tagen von König Ludwig I. war es Brauch, dass der Monarch selbst die Fußwaschung vornahm. Mit der Abschaffung der Monarchie 1918 endete auch der Brauch der königlichen Fußwaschung.

DAS HEILIGE GRAB

Der Brauch des Heiligen Grabes geht bis auf das Mittelalter, auf die Zeit der Kreuzzüge zurück und erlebte seine Hochblüte in der Barockzeit, als man die historische Grabesstätte in Jerusalem mit gemalten Scheinarchitekturen und Kulissen nachbildete. Umgeben von einem Meer von Blumen wurde die Grablegung Christi veranschaulicht. Um den Eindruck des Grabes zu verstärken, beleuchtete man sie mit Öllämpchen oder Kerzen. Die Nachbauten des Heiligen Grabes sollten einen visuellen Eindruck vom Grab Christi vermitteln und zur meditativen Vertiefung anregen.

In manchen Kirchen haben früher die Stelle der Figuren am Heiligen Grab Bürger eingenommen, die als römische Soldaten verkleidet waren und die Grabwache hielten. Graf Anton Clemens zu Toerring-Seefeld (bei München), der in großem gesellschaftlichem Ansehen stand, ließ es sich nicht nehmen, im Heiligen Grab der Münchner Michaelskirche den toten Christus zu verkörpern.

Brauchtum wieder neu belebt

Früher hatte fast jede Kirche ihr eigenes Heiliges Grab, vor dem sich am Karfreitag und Karsamstag die Gläubigen zu stillem Gebet einfanden. Nach der Liturgiereform in den 60er-Jahren des letzten Jahrhunderts drohte der einst so beliebte Brauch fast auszusterben. In jüngster Zeit wurde aber die alte Tradition da und dort wieder neu belebt. Besonders sehenswert ist das Heilige Grab in der Friedhofskirche von Fischbachau und in der ehemaligen Klosterkirche von Höglwörth, das nur alle drei Jahre aufgestellt wird, sowie das prächtige Heilige Grab in Rottach-Egern, das nach langer Zeit und einer gründlichen Restaurierung wieder besichtigt werden kann.

Da Heilige Gräber im 18. Jahrhundert oftmals in billiges Spektakel ausarteten und oftmals ihren religiösen Charakter verloren, sie zudem nicht mehr in die aufgeklärte Zeit passten und immer wieder Ärger auch in kirchlichen Kreisen erregten, wurden sie 1803 von staatlicher Seite verboten. Die Aufbauten, Kulissen und Bilder der Grabdarstellungen wurden in den meisten Fällen vernichtet, wie auch die hölzernen Palmesel, die zersägt und verbrannt wurden. Erst unter König Ludwig I. durften die beim Volk sehr beliebten Gräber wieder aufgebaut werden.

Bild unten: Osterbrunnen, Altomünster

Kalvarienberge

Der barocken Passionsfrömmigkeit dienten neben den Heiligen Gräbern auch Kalvarienberge, auf denen mit drei Kreuzen die Hinrichtungsstätte Christi nachgebildet wurde. Dies waren Anhöhen, aber auch kleine Berge, zu denen die Gläubigen, vorbei an Kreuzwegstationen, hinauf pilgerten. Kalvarienberge, die den Gläubigen halfen, sich in Christi Kreuzweg und Tod zu vertiefen, entstanden an vielen Orten, so in Lenggries und Bad Tölz und auf dem Kreuzberg in der Rhön.

OSTERBRUNNEN IN DER FRÄNKISCHEN SCHWEIZ

Erinnerung an die Wassernot

Im Pegnitz- und im Wiesenttal in der Fränkischen Schweiz wurde Ende der 1970er-Jahre ein österlicher Brauch wieder belebt, der seinen Ursprung in den dortigen geologischen Bedingungen hat. Er geht in seinem Ursprung auf das 18. Jahrhundert zurück und war über Jahrzehnte in Vergessenheit geraten. Der Brauch der geschmückten Osterbrunnen erinnert an die große Wassernot, die einst in dieser Gegend herrschte. In einer Zeit ohne zentrale Wasserversorgung lehrte der Wassermangel die Menschen, das unverzichtbare Element zu schützen und zu achten. In der zerklüfteten Juralandschaft waren in den Wintermonaten viele Quellen und Brunnen durch Eis und Schnee blockiert, und oft waren Orte vom Lebenselement Wasser abgeschnitten. So deckten die Menschen ihren Trinkwasserbedarf aus Zisternen, in die das von den Dächern abfließende Regenwasser geleitet wurde.

Als vor dem Ersten Weltkrieg die meisten Dörfer in der Fränkischen Schweiz an die zentrale Wasserversorgung angeschlossen wurden, waren sie der Sorge um frisches Wasser enthoben. Und so vergaß man allmählich den alten Brauch des Osterbrunnenschmückens, zumal von staatlicher Seite der Abbruch der überflüssig gewordenen Dorfbrunnen gefördert wurde. Da konnte es nicht verwundern, dass 1952 nur noch in 16 Orten Brunnen geschmückt wurden.

Im Frühjahr, wenn die wenigen Brunnen wieder Wasser spendeten, wurden die Brunnen gründlich gesäubert, sodass wieder sauberes Wasser fließen konnte. Mit dem Brauch des Osterbrunnenschmückens

Dank für das Wasser

wollten die Menschen für das reine Quellwasser danken. Sicherlich schwang aber auch die Freude über das neue Leben mit, das sich im Frühjahr in neuem Wachstum in der Natur regt.

Heute sind die geschmückten Osterbrunnen weithin zur Touristenattraktion geworden, mit all den unerfreulichen Begleiterscheinungen. Das kann die Menschen in den Dörfern aber nicht davon abhalten, nach alter Tradition ihre rohen, meist sandsteinernen Brunnentröge – davon viele noch aus der Barockzeit – in der Karwoche zu säubern und zu schmücken. Dazu verwendet man meterlange Girlanden aus Fichtenzweigen, Buchsbaum und Palmkätzchen sowie Nadelbäumchen und Hunderte von kunstvoll bemalten Ostereiern, die zu langen Ketten zusammengebunden sind. Die Eier, die oft von Schulklassen bemalt werden, und das frische, grüne Reisig sind zusammen mit dem Wasser der Brunnen Symbole des neuen Lebens und der Osterbotschaft. Zentren des Osterbrunnenschmückens sind Streitberg, Gasselsdorf, Heiligenstadt und Engelhardsberg.

Entzünden der Osterkerze in der Osternacht, Gelting

LICHT IN DER OSTERNACHT

»O vere beata nox« – »O wahrhaft selige Nacht«, singt der Priester in der Osternacht. In Stadt und Land verkünden Glocken von den Türmen unserer Kirchen die frohe Botschaft: Christus ist erstanden von dem Tod! Ein Ausdruck der Auferstehungsfreude sind auch die Feuer, die vor den Toren der Kirchen und auf vielen Anhöhen und Berggipfeln entzündet werden und die die Finsternis erhellen.

Ein Sinnbild der Auferstehung

Es ist immer ein großes Erlebnis, wenn in der kalten, dunklen Osternacht auf dem Kirchvorplatz das Osterfeuer entzündet wird, der Priester es segnet und die mit der jeweiligen Jahreszahl und fünf roten wächsernen Nägeln verzierte Osterkerze entzündet. Er gibt ihr Licht weiter an die Gläubigen, die das Osterfeuer umstehen. Mit kleinen Osterkerzen in den Händen ziehen sie nun in die noch finstere Kirche ein. Aus Freude über die Auferstehung nehmen die Christen das Osterlicht in kleinen Laternen mit nach Hause und stellen es auf den österlichen Frühstückstisch. Das Osterlicht wird zum Mittelpunkt der Feier des Osterfestes in der Familie. Das Osterfeuer und das Osterlicht sind sinnlich wahrnehmbare Zeichen der Auferstehung.

Streit um den Ostertermin

Ostern wird immer am Sonntag nach dem ersten Frühlingsvollmond gefeiert und kann in der Zeit zwischen dem 22. März und dem 25. April liegen. Diese Terminfestlegung geschah im Jahre 325 auf dem Konzil von Nicäa. Die Vereinbarung wur-

de von der Osterkirche aber nicht beachtet. Sie feiert bis heute das Osterfest eine Woche später. Schuld daran war die Kalenderreform von Papst Gregor XIII. aus dem Jahre 1582, die die Ostkirche nicht anerkennt. Sie orientiert sich noch immer am alten julianischen Kalender.
Ungeachtet aller terminlichen Differenzen war der christliche Charakter des Osterfestes in Ost und West nie umstritten. Damit kann auch ausgeschlossen werden, dass das christliche Hauptfest auf ein germanisches Fest der Frühlingsgöttin Ostara zurückgeht, eine These, die nach heutiger wissenschaftlicher Überzeugung nicht haltbar ist, auch wenn sie immer wieder in Veröffentlichungen auftaucht. Eine recht überzeugende Erklärung, wie es zu dem Namen »Ostern« kam, gab der bekannte Münchner Volkskundler Dietz-Rüdiger Moser. Für ihn gelangte das Wort »Ostern« im 8. Jahrhundert bei der Missionierung von Rom nach England, wo es zu »eastron« wurde. Und dieses Wort deckt sich mit dem althochdeutschen »ostarun«.

WER BRINGT DIE OSTEREIER?

Der Hase – Symbol der Fruchtbarkeit

Die Frage, wie der Hase zum Osterhasen wurde und damit in das Brauchtum zum christlichen Osterfest kam, ist schwer zu klären. Der Hase taucht im Frühlingsbrauchtum vieler Völker auf, auch als »Eier-Leger«. Er ist ein Zeichen der Fruchtbarkeit und des neuen Lebens in der Natur im Frühling. In den griechischen Göttersagen ist er ein Fruchtbarkeitssymbol, das heilige Tier der Liebesgöttin Aphrodite.

In einer mittelalterlichen Handschrift aus dem 12. Jahrhundert, die in der Bayerischen Staatsbibliothek in München aufbewahrt wird, findet sich ein Sakramentarblatt zur Osterliturgie, in dem ein Hase in die Initiale »D« Eingang gefunden hat. Das kann als ein Beleg dafür gewertet werden, dass der Hase schon im Mittelalter als ein Symbol der Auferstehung bekannt war.
Einen christlichen Bezug stellte erstmals im 4. Jahrhundert Bischof Ambrosius her, der im Hasen ein Sinnbild der Wandlung und Auferstehung sah. Diese Deutung liegt auch einem »Hasenbild« im Kreuzgang des Liboriusdoms in Paderborn zugrunde, das Dreihasenfenster wurde zum Wahrzeichen der Stadt Paderborn. In der Ostkirche begegnet uns der Hase in der Tiersymbolik als Symbol für Christus.

Osterhase contra Eierweihe

Ein Gegengewicht zu den in den katholischen Kirchen geweihten Eiern sollte ein Brauch schaffen, der von protestantischen Theologen im späten 18. Jahrhundert kreiert wurde: Es waren Eier, die der Osterhase den Kindern bringen sollte, was die Absicht erklärt, mit einem bürgerlich-städtischen Osterbrauch die Weihe der Ostereier zurückzudrängen. Erste Belege für den Osterhasen gibt es aus dem Elsass und in der Pfalz. Von einer Ostereiersuche wird im Garten von Goethes Landhaus in Weimar 1783 berichtet. Dass der Hase die Ostereier versteckt, wurde u. a. mit seiner Schnelligkeit erklärt.
Nicht überall gilt der Hase als Eierbringer. In manchen Regionen kennt man andere Tiere, die die Eier ins Nest legen: in der Schweiz den Kuckuck, in Westfalen den Fuchs, in Thüringen den Storch. In Oberbayern und Österreich brachte die Henne die Ostereier. Hier setzte sich auf dem Land der Brauch des Osterhasen erst allmählich im letzten Jahrhundert durch.

Eiergaben zu Ostern

Lange Zeit waren Eier oder Hasen zu Ostern als Abgabe und Zins der Schuldner und abhängigen Bauern an die Gutsherren üblich. Mit dem Färben sollten die »gewöhnlichen Eier« von den Ostereiern unterschieden werden können.
Gefärbte Eier waren immer ein beliebtes Geschenk, z. B. für Patenkinder, Dienstboten sowie unter Liebenden. Von jeher spielten geweihte Ostereier auch im Volksglauben eine große Rolle, war man doch überzeugt, dass sie einen Schutz gegen alles Böse bieten. So trug man gern ein Ei wie einen Talisman mit sich.
Ostereier ganz ohne Farbe bekamen in nicht geringen Mengen früher die Pfarrherren von den Bäuerinnen bei der Abgabe des österlichen Beichtzettels, der ein Dank für die abgenommene Osterbeichte sein sollte. Die Eier waren eine willkommene Beigabe, im Vordergrund stand aber das Interesse am Beichtzettel, stellte er doch für den Pfarrer eine Kontrollmöglichkeit über die pflichtgemäße Erfüllung der jährlichen Beichtpflicht dar. Seit dem II. Vatikanischen Konzil von 1962–1965 gehören die Beichtzettel wie auch die Eiergaben an die Pfarrherren der Vergangenheit an.

WEIHE DER EIER UND SPEISEN

Vom Ei zum Osterei

Ostern ist das höchste kirchliche Fest, es hat aber auch eine weltliche Seite mit kulinarischen Köstlichkeiten. Früher war die Freude über das Ende der Fastenzeit noch viel größer, endeten doch damit all die Einschränkungen, die die Kirche den Christen mit den strengen Fasten- und Abstinenzgeboten auferlegte, vor allem war den Gläubigen der Verzehr von Fleisch und der Genuss von tierischen Produkten wie Milch, Käse und Butter sechs Wochen untersagt. Da war es nicht verwunderlich, dass man Ostern herbeisehnte, ein Fest mit mancherlei Gaumenfreuden.
Seit ältester Zeit dreht sich an Ostern alles um das Ei, das in der Überlieferung vieler Völker eine wichtige Rolle als Lebensquelle spielt. Nach alter Tradition ist es das zentrale Symbol des christlichen Osterfestes. Schon in der Frühzeit sahen die Christen im Ei ein Sinnbild für die Auferstehung Jesu und auch für ihre Auferste-

Weihe der Speisen am Ostersonntag, Bad Heilbrunn

hungshoffnung. In einfacher Form fand dieser Auferstehungsglaube im Volksmund in ganz simplen Sprüchen seinen Ausdruck: »Wie das Küken aus dem Ei gekrochen, hat Jesus das Grab durchbrochen.«

Wegen des Symbolcharakters hatte das Ei bei den Christen immer eine besondere Bedeutung. Und um diese deutlich zu machen, kam es schon im 12. Jahrhundert zu einer eigenen Weihe für die Eier, zur »benedictio ovorum«. Das war eine feierliche Segnung jener Eier, die die Gläubigen am Ostersonntag in die Kirche brachten. Durch die kirchliche Weihe erlangten die in der Fastenzeit verbotenen Eier eine besondere Segenskraft: Das einfache Ei wurde zum »Osterei«. Die 40 Fastentage lang verpönten Eier wurden durch den kirchlichen Segen zum österlichen Genussmittel.

Segnung der österlichen Speisen

Aus der Segnung der Eier ging bereits im Mittelalter die Weihe auch anderer Speisen hervor, von der man sich Glück und Segen, Gesundheit und Fruchtbarkeit erhoffte. Es kann nicht überraschen, dass die kirchliche Segnung der Eier und Speisen, die zu den ältesten Osterbräuchen zählt, nicht nur Zustimmung fand. Die Aufklärer im ausgehenden 18. Jahrhundert sahen darin puren Aberglauben, wie die folgende Notiz aus dem Jahre 1784 belegt. »Wie am Palmsonntag die Oelzweige und Palmbuschen geweiht werden, so pflegt die Kirche am Ostertag Eyer, Lammfleisch, Kalbsschlegeln und auch Schweinschinken zu weihen. Wir wollen nicht untersuchen, ob es anständig sey, dem Fleisch von Lämmern, Schweinen und angehenden Ochsen die Weihe zu ertheilen, sondern nur bey Aberglauben, dem diese Art von Weihe Nahrung giebt, stehen bleiben. Der gemeine Mann ist nun einmal der Meynung, dass alles, was geweiht ist, nicht schaden könne.«
Trotz aller aufklärerischen Kritik erfreute sich die kirchliche Weihe beim Kirchenvolk stets großer Beliebtheit, bis zum heutigen Tag. So ist es in Stadt und Land guter Brauch, am Ostermorgen neben Eiern auch andere Speisen in einem Körbchen zum Gottesdienst in die Kirche zu tragen. Darin sind etwas Salz und Kren (Meerrettich), Brot und Butter und ein Stück Geräuchertes. Nicht fehlen dürfen ein Stück vom Osterfladen, ein Biskuit-Osterlamm mit dem Auferstehungsfähnchen sowie traditionelles Ostergebäck aus der Region, in München z. B. Striezel und »Oarmanndl« – Teigfiguren, in deren Mitte ein rotes Ei steckt. Traditionsorientierte Bäckereien backen heute wieder in den Tagen vor Ostern Hefegebäck in Form von Sonnenrädern, Sonnenbogen, Eiermandl, Osterbrezeln und Osterbäume. Zum Osterfrühstück kommen alle geweihten Speisen auf den Tisch. Ein jeder in der Familie soll seinen Anteil am »Gweichten« und damit am österlichen Segen haben. Die große Wertschätzung der geweihten Ostereier zeigte sich früher auch daran, dass man ihre Schalen nicht wegwarf: Man verbrannte sie oder vergrub sie im Gemüsegarten und auf den Feldern, was die Fruchtbarkeit fördern sollte.

OARSCHEIBN – DAS BELIEBTE EIERSPIEL

Schmuck der Ostereier

Wie konnte man aber gewöhnliche Eier von »Ostereiern« unterscheiden? Man färbte die Ostereier rot ein, ganz im Sinne der Passion, symbolisch für das Blut Christi. Erst später kamen noch andere Farben für die Ostereier hinzu, wie ein Straßburger Handwerksmeister uns im 17. Jahrhundert berichtet: »Zu Ostern werden die Ostereyer grüen, gelb, roth, schwarz und blau und andere art geferbt.«
In der Barockzeit gab es noch eine Steigerung: Zu den Farben kamen Verzierungen hinzu. Von dem beliebten Brauch berichtet uns um 1700 auch der Pfarrer Andreas Strobl aus dem Salzachgau, wo es üblich ist, zu Ostern die Eier »zu zieren, zu schmücken, zu stücken, zu färben, zu vergulden, zu mahlen.«

Beliebte Geschenke

Viele dieser kleinen Kunstwerke können wir noch in Heimatmuseen und Ausstellungen bewundern. Doch der Geschmack änderte sich: Die einst so geschätzten

Verzierungen kamen im Lauf des 18. Jahrhunderts wieder aus der Mode ebenso wie christliche Embleme und erbauliche Eiersprüche. An ihre Stelle traten oftmals Glückwünsche und gereimte Liebesbezeugungen, z. B.:

»Freundschaft hab ich dir versprochen
und noch nie mein Wort gebrochen.
Zum Zeichen meiner Treu
schenk ich dir ein Osterey.«

Lustige Eierspiele

Bemalte und verzierte Ostereier waren schon zur Barockzeit gern gegebene Geschenke, vor allem bei verliebten jungen Leuten, konnte man damit doch allseits Freude und Sympathie erwecken. Mit Ostereiern, zumal wenn sie bunt und schön verziert sind, konnte man schon immer viel Freude bereiten. Sie lockten auch zu einem Spiel, das heute weithin in Vergessenheit geraten ist. Es war ein sehr einfaches Spiel, bei dem zwei Kinder jeweils ihr Ei mit der Spitze so lange gegeneinander schlugen, bis eines zerbrach.

Oarscheibn – das beliebte Osterspiel

Wettkampfcharakter hatte auch ein anderes Eierspiel, in dem der Charakter von Ostern als Frühlingsfest deutlich hervortrat: Es ist das Eierrollen oder Eierwalgen, besser bekannt als »Oarscheibn«. Dabei ließ man über zwei eng aneinanderliegende, schief gestellte Holzstiele die Eier in das junge Gras rollen. Dabei versuchte jedes Kind das Ei eines Mitspielers, das bereits im Gras lag, zu treffen und anzupicken. Traf der Spieler ein fremdes Ei, so gehörte es ihm. Erhöht wurde der Reiz des Eierspiels noch, wenn auf dem fremden Ei eine Münze lag, die dann dem erfolgreichen »Scheiber« gehörte.

Damit schließt sich der Kreis um die Ostereier. Man freut sich an ihnen, sind sie doch ein Symbol der Auferstehung Christi aus dem Grab und ein Zeichen der Hoffnung auf neues Leben, gerade jetzt im Frühling. Ostereier haben eben ihren besonderen Wert. Darauf weist schon im 18. Jahrhundert ein Pfarrer aus Kissingen hin, wenn er schreibt: »Hühner-Ey seynd alle weiß, aber die Osterayer nicht, dann sie werden unterschiedlich gefärbt oder gemahlt …«

ÖSTERLICHE LECKERBISSEN

Osterfladen und Eierkuchen

Ganz im Gegensatz zu den kargen Wochen der Fastenzeit war früher der Ostertisch stets reich gedeckt. Eine Spezialität war in den Klöstern ein besonderes Gebäck: der Osterfladen. Grundlage dafür waren die vielen Eier, die die abhängigen Bauern abliefern mussten. Es wurden Fladen in großer Zahl gebacken, die man aber auch an Menschen verschenkte, die den Mönchen nahe standen. So lesen wir in einer Chronik aus dem Jahre 1493 aus dem Augustiner-Chorherrenstift Indersdorf: »An dem oster abent geben wir allen unsern diener und dienerin jedem ain fladen nach gewohnhait, genant die gesind- oder gemainfladen. Aber dem richter, kramer und obristen koch geben wir den herren fladen.« Je einen Fladen erhielten zudem der Bader und der Kürschner, die Zimmerleute und andere Handwerker.
Von Osterfladen, die sich stets großer Beliebtheit erfreuten, wird bereits im 16. Jahrhundert aus den Klöstern Ramsau, St. Mang in Füssen, Ensdorf in der Oberpfalz, Schäftlarn und aus dem Heilig-Geist-Spital in München berichtet.

Beliebte Osterspeisen: Fladen und Eier

Wie in den Klöstern verstand man es schon vor 500 Jahren in bürgerlichen Kreisen, das Osterfest mit Gaumengenüssen zu feiern. Was genau auf den Tisch kam, wissen wir aus dem kleinen Städtchen Volkach am Main, wo beim gemeinsamen Ostermahl des Rates »Lämlin, schunken, fladen und eyerkuchen« serviert wurden. Mit Fladen hat man sogar in zwei nahe gelegene Dörfer eine Prozession durchgeführt. Eine solche Fladenprozession führte auch auf eine Burg, wo auf Rechnung des Schlossbesitzers neben Wein, Brot und Kuhkäse auch Fladen verteilt wurden.
Der Osterfladen war auch dem Münchner Lorenz von Westenrieder, einem Geistlichen und aufgeklärten Historiker am Ende des 18. Jahrhunderts, eine Erwähnung wert, wenn er schreibt: »Sein Leibbrod welcher mit feinem, weißem Mehl und Eyern gebacken, und nebst einem geräucherten Fleisch, harten Eyern, Kreen und Salz am Ostersonntag in der Früh nach der Kirche getragen, vor dem gewöhnlichen Mittagsmahl aufgesetzt.«

GEORG – HOCH VEREHRTER PFERDEPATRON

Legendärer Rittersmann

Nach der Legende stammte Georg aus Kappadokien am Schwarzen Meer und kämpfte als Legionär für den römischen Kaiser. Da er Christ war, soll er um 300 unter Diokletian (284–305) den Martertod gestorben sein. Sein Grab wird in Lod,

einer kleinen Stadt in Israel, vermutet. Durch den englischen König und Kreuzritter Richard Löwenherz kam die Georgslegende im 12. Jahrhundert nach England, wo man Georg zum Patron des Königshauses machte.
Am bekanntesten ist die mittelalterliche Legende vom Drachentöter, in der vorchristliche Mythen mitschwingen: Einst bedrohte in Libyen ein furchterregender Drache die Stadt Silena. Täglich mussten ihm die Bewohner zwei Schafe und später Menschen opfern. Als eines Tages das furchtbare Los auf die junge Königstochter fiel, tauchte am Ufer sogleich das Ungeheuer auf. Doch da erschien Georg als Rittersmann und tötete es mit seiner Lanze. Nun ließen sich der König, seine Tochter und alle Einwohner von Silena taufen. Wie in anderen ähnlichen Legenden verkörpert der Drache das Böse, das Unheimliche, das Dämonische, das durch den Glauben an Christus besiegt wird.

Die Verehrung des heiligen Georg gelangte von der Ostkirche in das Abendland. Kaiser Heinrich II. weihte ihm in seinem Bamberger Dom den Ostchor. In Bayern und Österreich weisen viele Ortsnamen sowie Kirchen und Kapellen auf den Heiligen hin. Besonders imposant ist in der Klosterkirche von Weltenburg die Darstellung von St. Georg über dem lichtdurchfluteten Hochaltar, einem Meisterwerk von Egid Quirin Asam. Sie zeigt den Kirchenpatron, wie er den Drachen tötet und damit die von ihm bedrohte Königstochter befreit.

Traditionelle Verehrung

Nach einer alten Tradition finden zu Ehren von St. Georg Pferdeumritte statt, so im niederbayerischen Aidenbach und in Aigen am Inn sowie in Ascholding und in Hausen in der Oberpfalz und in Effeltrich in Oberfranken. Am bekanntesten ist der Georgiritt in Traunstein. Dort ziehen am Ostermontag viele Reiter vom Stadtplatz zum nahe auf einer Anhöhe gelegenen Ettendorfer Kircherl, wo Pferde und Reiter gesegnet werden.
Georg ist der Patron der Soldaten und Schützen, der Bauern und Reiter, der Gefangenen und Pfadfinder, der Pferde und des Viehs. Im Mittelalter sollte er die Ritter und Kreuzfahrer beschützen. Er zählt zum Kreis der beliebten vierzehn Nothelfer und ist bis heute neben St. Leonhard der große Bauern- und Viehpatron.

Bild oben: Georgiritt in Traunstein: St. Georg vor der Kirche von Ettendorf

MAI

Mai. Monatszyklus von Stephan Kessler (1672), ehemaliges Kloster Benediktbeuern

Der Mai ist der fünfte Monat im gregorianischen Kalender, bei den Römern war er wahrscheinlich der Wachstumsgöttin Maya geweiht. Jetzt hält der Frühling seinen Einzug, er bringt neues Wachstum und weckt die Lebensfreude. Sie kommt auch im Maibaum zum Ausdruck, der an vielen Orten errichtet wird.

In diesem Monat, manchmal auch in den ersten Junitagen, wird das Pfingstfest, nach Goethe »das liebliche Fest«, gefeiert. Pfingsten ist der 50. Tag nach Ostern.

Namenstage

4. Mai: *Florian*
7. Mai: *Gisela*
12./13./14. Mai: *Pankratius, Servatius, Bonifatius*
15. Mai: *Sophie*
16. Mai: *Johannes, Nepomuk*

Bauern- und Wetterregeln

Der Florian, der Florian,
noch einen Schneehut setzen kann.

Ist der Mai recht heiß und trocken,
kriegt der Bauer kleine Brocken.

Pankraz, Servaz und Bonifaz,
die machen erst dem Sommer Platz.

Mairegen auf die Saaten
ist wie Dukaten.

Ein Bienenschwarm im Mai
ist wert ein Fuder Heu.

Regen im Mai
schafft Wohlstand und Heu.

TANZ IN DEN MAI

Der Maibaum: altes Fruchtbarkeitssymbol

Zu Beginn des Monats Mai wird in vielen Dörfern, neuerdings auch in manchen Städten, ein Maibaum aufgestellt. Wie es zu dem heute so beliebten Brauch kam, ist historisch nicht belegbar. Von einigen Historikern wird der Maibaum auf eine Baum- und Waldverehrung in germanischer Zeit zurückgeführt, eine These, die wissenschaftlich aber nicht haltbar ist. Viele sehen in ihm eine Vergrößerung der Lebensrute, ein Symbol der Fruchtbarkeit und des Segens.

Maibaum in einem Münchner Biergarten

Die Tradition des Maibaumes

Maibaumaufstellen, Kloster Raitenhaslach, Burghausen

Die Anfänge dieses Frühjahrsbrauches liegen wohl im Mittelalter. Erste Berichte über grüne Zweige zum Maianfang gibt es aus dem 13. Jahrhundert. Einen wichtigen Hinweis stellt ein Bild des Malers Donauer dar, der 1585 das große Antiquarium der Münchner Residenz mit verschiedenen Ortsansichten ausmalte. Unter den Fresken befindet sich auch eine Ortsvedute von Starnberg, wo ein Maibaum mit Figuren zu erkennen ist. Einen anderen Bildbeleg für einen Maibaum liefert ein Votivbild der Wallfahrt Kleinhelfendorf bei Rosenheim: In dem 1743 datierten Bild ist auch ein Maibaum sichtbar. Im 18. Jahrhundert entstand ein Bild des bayerischen Hofmalers Peter Jakob Horemans, das neben der Kirche von Obermenzing bei München einen Maibaum mit Figuren und Gipfelbuschen zeigt.

Als im ausgehenden 18. Jahrhundert viele Dörfer in Bayern ihre Abhängigkeiten von Adel und Kirche abschütteln konnten, wurde der Maibaum zu einem wichtigen Symbol des neuen bayerischen Staatsbewusstseins und der erlangten bürgerlichen Eigenständigkeit. Das sollten auch die Zeichen der im Dorf ansässigen Handwerker unterstreichen, mit denen der Baum geschmückt wurde.

Nach einem Missbrauch durch die Ideologie des Dritten Reiches – die Mitte des Baumes musste das Hakenkreuz zieren – kam es nach dem Kriegsende zu einer Neubesinnung auf die alte Tradition des Maibaums.

Der Maibaum wird meist an zentraler Stelle in einem Ort aufgestellt, oft vor einem Wirtshaus oder einer Kirche. Regional unterschiedlich bleibt er nur für die Dauer des Monats Mai oder auch für mehrere Jahre stehen. Er wird sowohl mit der Rinde aufgerichtet oder, wie vor allem in Oberbayern und Gebirgsgegenden, geschält und in den Landesfarben weißblau gestrichen.

In der Mitte des Dorfes

Einen Maibaum zu errichten setzt einen lebendigen Gemeinsinn voraus, denn ein solches Vorhaben ist immer ein Gemeinschaftswerk. Das beginnt schon, wenn das Prachtstück eines Baumes ohne Beschädigung aus dem Wald transportiert wird. Ist er schließlich in vielen Freizeitstunden hergerichtet und mit den traditionellen Attributen versehen, kommt die Hauptarbeit: das Aufstellen. Da werden alle verfügbaren Männerhände eines Ortes gebraucht, denn nach altem Brauch wird er mit dicken, langen Stangen, den sogenannten »Schwaibeln«, aufgerichtet, die zu Scheren zusammengebunden werden. Je nach Länge des Baumes müssen mehrere Dutzend Männer kräftig Hand anlegen, bis der Baum in ganz kleinen Schritten, nach alter Tradition ohne technische Hilfsmittel, in die Höhe gehievt wird. Ist der Baum dann in einem gewaltigen Kraftakt glücklich aufgerichtet, ist das immer für alle ein Grund zum Feiern, Singen und Tanzen.

DANK AM MUTTERTAG

Idee einer Amerikanerin

Angesichts seiner großen Popularität liegt die Vermutung nahe, dass es sich beim Muttertag um einen Festtag mit langer Tradition handelt, was aber nicht zutrifft. Den Muttertag verdanken wir der amerikanischen Methodistin Anne Marie Jarvis, die 1907 mit ihrer Idee an die Öffentlichkeit trat. Sie forderte, einen Tag im Jahr den Müttern zu widmen. Dieser Gedanke fand auch die Zustimmung und Unterstützung des damaligen amerikanischen Präsidenten Wilson, der 1914 den Kongressbeschluss herbeiführte, den Muttertag als nationalen Feiertag zu begehen, »als öffentlichen Ausdruck für die Liebe und Dankbarkeit«, die man den Müttern schulde.

Die Idee aus dem fernen Amerika fand schon bald auch in Europa viel Interesse. Deutschland übernahm dabei eine Vorreiterrolle und verankerte den »Muttertag« bereits 1923 im offiziellen Kalender. In den 1930er-Jahren war er in Deutschland zumindest in den Städten schon eine feste Einrichtung, kräftig gefördert aus ideologischen Gründen durch das Dritte Reich. Trotz dieser historischen Belastung wurde die Idee des Muttertages nach dem Zweiten Weltkrieg wieder aufgegriffen. 1949 wurde der Gedenktag offiziell auf den zweiten Maisonntag gelegt.

Es ist sicherlich sehr zu begrüßen, wenn in unserer so sehr auf Erfolg und Selbstverwirklichung ausgerichteten Gesellschaft der selbstlose Dienst der Mutter einmal im Jahr auch öffentlich gewürdigt wird, denn die Kindererziehung liegt in den meisten Fällen auch heute noch weithin in den Händen der Mütter – trotz Emanzipation und vieler gesellschaftlicher Veränderungen. Erschwert wird die Situation der heutigen Mütter durch Doppelbelastung von Familie und Berufstätigkeit.

Die Kommerzialisierung des Muttertages, die wir heute erleben, verfälscht die gute Idee der amerikanischen Kämpferin für die Wertschätzung der Frau in der Gesellschaft. Aus Enttäuschung über die Vermarktung des Muttertages in Amerika setzte sie sich deshalb an ihrem Lebensende leidenschaftlich für seine Abschaffung ein.

Eine Überraschung für die Mutter

ALTE WALLFAHRTSTRADITION

Besinnung und Läuterung

Der Monat Mai lädt nicht nur zum Aufenthalt im Grünen, zum Wandern und Reisen ein. Mit dem 1. Mai beginnt im katholischen Bayern auch die Wallfahrtssaison. Das Wallfahren ist Ausdruck eines religiösen Bedürfnisses und ein eindrucksvolles Zeugnis lebendiger Volksfrömmigkeit. Wallfahrer, in Franken heißen sie »Waller«, machen sich nach alter Tradition zu Fuß auf den Weg. Ihr Ziel ist immer eine Kirche, in der Nähe oder auch weit ab gelegen, in der ein Heiliger, eine Heili-

Alte Votivkerzen in der Wallfahrtskirche Bettbrunn

ge, vor allem aber die Gottesmutter Maria, verehrt wird. Seit über tausend Jahren begeben sich Christen auf Pilgerreisen, die sich oft über weiteste Entfernungen erstrecken. Berühmte christliche Pilgerziele sind seit dem Mittelalter das Heilige Land, die Ewige Stadt Rom und das Jakobusgrab in Santiago de Compostela.

Viele Wallfahrtsorte in unserer Heimat

Eine weite Pilgerreise war vor Jahrhunderten nicht selten ein sehr gefährliches Vorhaben, das sich nur wenige Christen zutrauen konnten, sowohl wegen der damit verbundenen Strapazen als auch wegen der vielfältigen Gefahren durch Krankheiten, Diebstähle und Überfälle. Da suchte man in der Heimat einen Ersatz für die unerreichbaren Wallfahrtsorte in der Ferne. So entstanden vor allem im 17. und 18. Jahrhundert, in der Barockzeit, viele der uns heute vertrauten Wallfahrtsorte. Anlässe für die Entstehung einer Wallfahrt waren oft Bildstöcke, z. B. in Dettelbach, Freystadt, Würzburg/Käppele, oder Marienbilder, z. B. in Maria Eich, Mariabuchen, Maria Birnbaum, die an Bäumen und auf Anhöhen verehrt wurden. Als Menschen auf ihr Gebet hin Erhörung ihrer Bitten erfahren hatten, sprachen sich diese »Gutthaten«, die Mirakel, schnell herum. Nun kamen in Scharen Beter aus nah und fern mit ihren Gebetswünschen in der Hoffnung auf Hilfe zu diesen Orten.

Im Mittelpunkt ein Gnadenbild

Bayern ist besonders reich an Wallfahrtsstätten. So gibt es allein über 400 Marienwallfahrtsorte, hinzu kommen noch zahlreiche Christuswallfahrten, wie z. B. in der Wies bei Steingaden, in Bettbrunn, Biberbach und auf dem Kreuzberg in der Rhön, ferner Heiligenwallfahrten wie in Inchenhofen, Sulzbach-Rosenberg und Vierzehnheiligen.
Mittelpunkt eines Wallfahrtsortes ist immer ein Gnadenbild. Das kann ein Christus-, Marien- oder Heiligenbild sein, das die Pilger seit Jahrhunderten verehren. Oft sind es sehr einfache, künstlerisch unbedeutende, von unbekannten Laien geschaffene Darstellungen, zu denen die Wallfahrer ihre Nöte und Sorgen tragen. In der Wieskirche im Pfaffenwinkel ist es die Figur des Gegeißelten Heilands, die sich nicht durch künstlerische Qualität auszeichnet.

Lebendige Volksfrömmigkeit

Das Wallfahren hat in Bayern eine lange Tradition. Schon 1533 stellte der bekannte bayerische Geschichtsschreiber und Humanist Johannes Thurmair, genannt »Aventinus«, fest: »Das bairisch Volk ist geistlich, schlecht und gerecht, läuft gern Kirchfahrten, hat auch viele Kirchfahrten.« Und daran hat sich bis heute nichts geändert. Vom Frühjahr bis in den Herbst hinein ziehen Wallfahrer betend und singend zu Gnadenorten.
Mit dem Wallfahren ist auch ein regional unterschiedliches Brauchtum verbunden, das über Generationen gepflegt wird. So werden im Fränkischen die Wallfahrergruppen stets von einer kleinen oder großen Musikkapelle begleitet, die sie beim gemeinsamen Singen unterstützt. Nach dem feierlichen Gottesdienst stärken sich die Wallfahrer in einem nahen Wirtshaus für den Rückweg, und dazu spielen die Musikanten heitere Weisen auf.

Bild unten: Gautrachtenfest und Wallfahrt, Trachtenzug vor der heiligen Kapelle, Altötting

Die Wallfahrtsfrömmigkeit erlebt nach einem Rückgang gerade in den letzten Jahren in der Gegenwart eine neue Blüte. Das zeigt die zunehmende Zahl von Fußwallfahrten. Der Geist des Wallfahrens hat sich über die Jahrhunderte nicht geändert, gewandelt haben sich lediglich die äußeren Formen. So werden heute viele Wallfahrten mit dem Auto oder Zug zurückgelegt, was auch älteren und kranken Menschen den Besuch eines Gnadenortes ermöglicht.
Wie ihre Vorfahren fühlen sich auch heute die Menschen hingezogen zu besonderen Orten, zu Orten der Gnade. Besonders begeisterte Wallfahrer sind seit Jahrhunderten die Franken. Ihre Ziele sind so

Würzburger Wallfahrer auf dem Weg zum Kreuzberg in der Rhön

bekannte Orte wie Vierzehnheiligen, Gößweinstein, Dettelbach und der Kreuzberg in der Rhön. Angeführt werden sie von einem Wallfahrtsführer, der den kleinen und großen Gruppen vorangeht.
Wie früher wird eine Wallfahrt auch heute durch das gemeinsame Gehen, Beten und Singen zu einem Erlebnis und Höhepunkt im Jahreslauf. Dazu tragen die Begegnung mit Gleichgesinnten und die gemeinsam ertragenen Strapazen des Weges ebenso bei wie das gemeinschaftliche Speisen und Fröhlichsein im Wirtshaus. Das alles lässt die Herzen der Wallfahrer höher schlagen.

VOTIVBILDER – DANK FÜR WUNDERBARE HILFE

Ex voto – Versprechen in großer Not

Wallfahrtsorte waren und sind zu allen Zeiten Orte menschlicher Zuflucht, zu denen Pilger ihre Sorgen und Nöte bringen. Wenn auch die meisten ihre Anliegen verschweigen, so geben doch einige kund, was sie bedrückt, was sie erbitten und erflehen und wofür sie danken. Sie tragen sich in die aufliegenden Wallfahrtsbücher ein, stiften Kerzen und hängen Votivbilder auf, die ihre Gebetsanliegen dokumentieren.
Alle Votivbilder weisen in ihrer Gestaltung gewisse Gemeinsamkeiten auf: Oben in der Bildmitte schwebt, meist auf einer Wolke, die Gnadenperson. Das kann das Bildnis der Muttergottes, eines Heiligen oder auch das Gnadenbild der Wallfahrt sein. Im Zentrum des Bildes ist oft eine Darstellung der Notsituation, die der Anlass für ein Gelübde war. Etwas seitlich darunter sind die Bittsteller, die Votanten, zu erkennen, also diejenigen, die das Bild anfertigen ließen. Ganz unten am Bildrand

Umgang der Heiligen Kapelle in Altötting mit Votivbildern

folgt meist noch eine Beschreibung, wie es zu dem Gelübde kam. Seit dem 17. Jahrhundert begnügten sich viele Votanten aber auch mit der Kurzformel »Ex voto« – »aufgrund eines Versprechens«. Viele haben ihren vollen Namen darunter setzen lassen, nicht wenige aber wollten anonym bleiben und begnügten sich mit den Anfangsbuchstaben ihres Namens. Und auch das kam oft vor: Nicht Einzelpersonen, sondern eine ganze Familie, ja ein ganzer Ort machte ein Gelöbnis.

Votivbild einer Familie mit acht verstorbenen Kindern, Lamberg/Cham

Votivbilder sind Zeichen der Volksfrömmigkeit, die seit dem 17. Jahrhundert bei uns eine Hochblüte erlebte. Nach den Wirren der Reformation und den Schrecken des Dreißigjährigen Krieges entstanden, ganz im Geist der Gegenreformation, viele neue Wallfahrtsstätten, die einen Ansturm von Pilgern erlebten. Mit einer heute unvorstellbaren Begeisterung und Hingabe zogen sie zu den neuen Gnadenorten und scheuten dabei nicht weiteste Wege. Sie alle erhofften sich Hilfe in ihren persönlichen Notlagen und machten das in kleinen Bildern kund, die sie am Gnadenort von Taferlmalern anfertigen ließen. Und da es ihnen ein großes Bedürfnis war, dass ihr Votivbild am Gnadenort aufgehängt wurde, war bald an den Innen- und Außenwänden der Kapellen und Kirchen kein freier Platz mehr zu finden. In Altötting musste man daher bereits im 17. Jahrhundert auf den Kreuzgang und die Siebenschmerzenkapelle bei der Stiftskirche ausweichen.

Einfache Bildtafeln

Ausdruck menschlicher Hilflosigkeit

Heute steht man dieser Flut von Versprechen etwas kritisch gegenüber. Man wertet sie gerne ab als ein Relikt einer nicht aufgeklärten Zeit, vergisst aber, dass hinter allen noch so naiv wirkenden Votivbildern Schicksale von Menschen stehen, die in ihrer Verzweiflung zu den Gnadenorten pilgerten. Hilfe erhofften sie sich nur noch durch ein Wunder, ein Mirakel. Hatten sie nach ihrer Überzeugung Hilfe erlangt, so vergaßen sie nicht, ihre Dankbarkeit öffentlich zu bekunden mit dem Zusatz im Bild: »Hab wunderbare Hilf erlangt.«

Notlagen, die heute ihren Schrecken verloren haben, veranlassten in früheren Jahrhunderten die Menschen, Bittwallfahrten zu unternehmen und ein Gelübde abzulegen. Da ist die Rede vom gefürchteten »Fiebern«, von Geschwülsten, Geschwüren, Zahnschmerzen, Gicht und Rheuma, von Schwierigkeiten bei Schwangerschaften und Geburten. Neben Unfällen mit Tieren sind auf vielen Votivbildern immer wieder kranke Menschen festgehalten. Besonders schlecht war es früher um die Geburtshilfe bestellt. Viele Frauen starben im Kindsbett, die meisten Kinder überlebten nicht einmal die ersten Wochen. Die Kindersterblichkeit lag vor 200 Jahren noch zwischen 50 Prozent und 60 Prozent. Da haben wir Mitgefühl mit jener unbekannten Mutter, die unter ihr Votivbild den Reim setzen ließ:

»Lieber Gott, acht Kinder sind bei Dir,
so schenk das Neunte mir!«

Das Votivbild eines ganz prominenten Beters hängt im Museum der Wieskirche im Pfaffenwinkel: Es zeigt den Wessobrunner Künstler Dominikus Zimmermann kniend vor seinem großen Werk, der weltberühmten Wallfahrtskirche. Er malte es 1757 zum Dank für die glückliche Vollendung des herrlichen Gotteshauses.

FLORIAN – PATRON DER FEUERWEHR

Als Christ verfolgt

Florian zählt zu den besonders populären Heiligen, dessen Lebensweg an die Anfänge des Christentums in unserer Heimat erinnert. Er wurde in Lauriacum, dem heutigen Lorch bei Enns in Oberösterreich, zu Beginn des 4. Jahrhunderts geboren, zur Zeit der Christenverfolgung durch Kaiser Diokletian. Aufgrund seiner

St. Florian in einer Lüftlmalerei in Wallgau bei Mittenwald

herausragenden geistigen Fähigkeiten konnte er in der römischen Verwaltung Karriere machen. Als bekannt wurde, dass Florian Christ war und sich weigerte, den römischen Göttern zu opfern, wurde er verhaftet und grausam gefoltert. Zuletzt hängte man ihm einen schweren Stein um den Hals und warf ihn in der Stadt Lorch in die Enns. So sollte verhindert werden, dass Christen seinen toten Leib wieder finden. In der Krypta der Stiftskirche von St. Florian bei Linz befindet sich ein Mühlstein, mit dem Florian ertränkt worden sein soll. Der Legende nach ist Florians Leichnam an das Ufer der Enns gespült worden und dort von einem Adler bewacht worden, so lange, bis ihn eine fromme Frau zu einem Friedhof brachte.

Grab in St. Florian bei Linz

Mit Florian wurden 40 Gefährten getötet, deren Gebeine man bei Grabungen in Lorch entdeckte. Über seiner Grabstätte errichteten die Passauer Bischöfe das berühmte Augustiner-Chorherrenstift St. Florian bei Linz. In der Stiftskirche wirkte vor über 100 Jahren der große Musiker Anton Bruckner als Organist. Er fand hier auch seine letzte Ruhestätte.

Dass Florian zum »Wasserheiligen« wurde, erklären mehrere Legenden. Eine erzählt, dass er in seiner Jugend durch sein Gebet ein brennendes Haus gerettet hat. Florian ist aber nicht nur der Patron der Feuerwehr, der »Floriansjünger«, sondern auch der Schutzheilige von Oberösterreich und von St. Florian bei Linz, der Bierbrauer und Kaminkehrer sowie der Helfer bei Feuer- und Wassergefahren. Abbildungen zeigen Florian als römischen Legionär mit Harnisch und Lanze, der aus einem Schaff Wasser auf ein brennendes Haus schüttet.

Es brennt, o heiliger Florian,
heut aller Orts und Enden.
Du aber bist der rechte Mann,
solch Unglück abzuwenden.

GEBILDBROTE AM AUFFAHRTSTAG

Glaube – sinnlich erfahrbar

Unseren Vorfahren war es ein Bedürfnis, die Aussagen der Heiligen Schrift zu veranschaulichen und szenisch nachzugestalten, z. B. im Bau von Weihnachtskrippen, in Passionsspielen und Prozessionen. Besonders angeregt hat die Fantasie auch das Fest Christi Himmelfahrt, das den Osterfestkreis beschließt und immer auf den 40. Tag nach Ostern, auf einen Donnerstag, fällt.

In manchen Barockkirchen kann man oben in der Mitte des Kirchengewölbes eine runde Öffnung entdecken, im Volksmund »Heilig-Geist-Loch« genannt. Genau darunter wurde am Christi-Himmelfahrtstag auf einen Tisch eine Figur des auferstandenen Christus mit der Osterfahne gestellt. Während einer Andacht am Nachmittag wurde diese unter dem Jubelklang der Orgel mit einem Strick in die Höhe gezogen. So konnten die Gläubigen ganz anschaulich die Himmelfahrt Christi miterleben. Dieser Brauch, der wie viele andere Bräuche fast ausgestorben ist, hat sich in einigen wenigen Kirchen, so in Mittenwald im Werdenfelser Land, in Anzing und in der ehemaligen Klosterkirche des Augustiner Chorherrenstifts Baumburg in Altenmarkt an der Alz, bis heute erhalten.

Brotvögel und Gebildbrote

Aufziehen der Christusfigur im ehemaligen Kloster Baumburg

Wie nahe christlicher Glaube und Aberglaube oft beisammen waren, zeigt auch der einstige Brauch, beim Aufziehen der Christusfigur genau darauf zu achten, in welche Richtung sie sich drehte. Denn von dort, wohin sie sich beim Hinaufschweben zuletzt wandte, sollten im Sommer die Gewitter kommen. So sollen im Chiemgau die Bauern am frühen Morgen mit einer geweihten Bleikugel geschossen haben. Wie weit der Büchsenknall zu hören war, so weit sollte der »Donnerer« keine Macht haben. Keine Angst hatte man vor einem Gewitter am »Auffahrtstag«, weil es den Früchten Segen bringen sollte. Und noch heute kann man hören, dass am Himmelfahrtstag ein Gewitter kommt.
Wie wörtlich einst der Bibeltext genommen wurde, zeigt ein Brauch, der früher sehr verbreitet war: In vielen christlichen Häusern gab's an Christi Himmelfahrt mittags »fliegendes« Fleisch, also Hühner, Gänse und vor allem Tauben. Im Allgäu wurden zum Himmelfahrtstag »Brotvögel«, besondere Gebildbrote, gebacken.

BETEND DURCH DIE FELDER

Auch in der voll technisierten Landwirtschaft, trotz wissenschaftlicher Erkenntnisse über die effektive Bearbeitung des Bodens und trotz optimaler Düngung, bleiben dem Landwirt Misserfolge nicht erspart, vor allem durch Dürre und lange Regenzeiten. Früher versuchten die Bauern gedeihliches Wetter und eine gute Ernte durch Wallfahrten und auch durch Bittgänge in den drei Tagen vor Christi Himmelfahrt zu erbeten, weshalb man von der »Bittwoche« sprach. Nach alter Tradition machten sich die Gläubigen frühmorgens auf einen Bittgang zu einer Kirche in der Nachbarschaft oder auch in der weiteren Umgebung. Bei diesen Prozessionen wurde den Betenden ein mit Blumen geschmücktes Kreuz vorangetragen. Man »ging mit dem Kreuz«, wie man sagte. So kam es zu dem Namen »Kreuzwoche«.
Während des ganzen Weges wurde der Rosenkranz gebetet, und immer wieder wurden dabei die Bitten eingefügt: »Dass du die Früchte der Erde geben und erhalten wolltest, wir bitten dich, o Herr!«, und: »Vor Blitz und Ungewitter verschone uns, o Herr!«
In den letzten Jahren ist die Tradition der alten Bittgänge und Flurprozessionen weithin in Vergessenheit geraten, bedingt auch durch die veränderten Arbeitsbedingungen sowie den heutigen Verkehr, der auf den Landstraßen das gemeinsame Beten und Singen fast unmöglich gemacht hat. Aber trotz aller Schwierigkeiten ist die fromme Tradition in unserer Heimat bis heute ungebrochen. So wurden in den letzten Jahren in vielen Pfarreien alte Bittgänge wieder belebt. Viele Menschen entdecken neu den Sinn der Bittgänge, ganz im Sinne der Vorfahren.

JUNI

Der Juni, benannt nach der römischen Göttin Juno, der Gattin von Göttervater Jupiter, ist der sechste Monat im gregorianischen Kalender. Er bringt den Tag der Sommersonnenwende am 21. Juni und damit den längsten Tag und die kürzeste Nacht des Jahres. Der Sommer erreicht jetzt seinen Zenit.
Das Pfingstfest, das im Mai oder Juni gefeiert wird, ist ein Höhepunkt im kirchlichen Festtagskalender. In katholischen Regionen wird das Fronleichnamsfest nach alter Tradition mit großer Prachtentfaltung gefeiert.

Juni. Monatszyklus von Stephan Kessler (1672), ehemaliges Kloster Benediktbeuern

Bauern- und Wetterregeln

Wenn im Juni Nordwind weht,
das Korn zur Reife trefflich steht.

An Vitus viel Donner
bringt fruchtbaren Sommer.

Soll gedeihen Korn und Wein,
muss im Juni Wärme sein.

Vor Johanni bitt um Regen,
nachher kommt er ungelegen.

Ist der Siebenschläfertag nass,
regnet's weiter ohne Unterlass.

Regnet's am Peterstag,
drohen dreißig Regentag.

Namenstage

13. Juni: *Antonius von Padua*
15. Juni: *Vitus*
16. Juni: *Benno, Quirin*
24. Juni: *Johannes der Täufer*
29. Juni: *Petrus und Paulus*

KERZENWALLFAHRT ZUM BOGENBERG

Marienbildnis aus der Donau

Er ist schon von Weitem zu sehen, der 432 Meter hohe Bogenberg unweit von Straubing, am Rande des fruchtbaren Gäubodens gelegen. Dort hatten im Mittelalter die Grafen von Bogen ihre Stammburg. Erhalten ist davon lediglich die spätgotische Marienkirche, die sie um 1100 errichteten. Der Legende nach trieben die Fluten der Donau 1104 ein steinernes Marienbildnis stromaufwärts, das unterhalb des Bogenberges im Ufergestrüpp hängen blieb. Von dort brachte man es auf den nahen Bogenberg in die Schlosskapelle des Grafen Aswin, die von Mönchen des nahen Benediktinerklosters Oberaltaich betreut wurde. Das kleine Bild der »Muttergottes in der Hoffnung« (lateinisch »mater gravida«) wurde schon bald das Ziel vieler Pilger. Und damit begann eine bis heute lebendige Wallfahrtstradition. Der Bogenberg ist damit einer der ältesten bayerischen Gnadenorte.

Die lange Stang

Der Höhepunkt im Bogenberger Wallfahrtsjahr ist alljährlich die Kerzenwallfahrt am Pfingstmontag. An diesem Tag kommen Pilger aus Holzkirchen, einem kleinen Dorf bei Vilshofen, mit einer außergewöhnlichen Votivgabe auf den Berg: Es ist die 12,5 Meter lange und knapp einen Zentner schwere »Kerze«, die die Holzkirchner Burschen auf einem 75 Kilometer langen Weg zum Bogenberg hinauftragen. Dabei handelt es sich um eine spiralförmig mit rotem Wachs umwickelte Holzstange. Insgesamt sind die Wallfahrer zwei Tage unterwegs, im Kloster Niederalteich legen sie eine Rast ein, in Deggendorf verbringen sie die Nacht.

Wallfahrer mit der »langen Stang« zum Bogenberg

Das ungewöhnliche Kerzenopfer geht auf ein Gelübde zurück, das die Holzkirchener Ende des 15. Jahrhunderts abgelegt haben. Damals hatte eine furchtbare Borkenkäferplage ihre Wälder heimgesucht. In ihrer Not verlobten sie sich zur Muttergottes vom Bogenberg und versprachen eine Wallfahrt und eine Kerze. Und diesem Gelöbnis bleiben die Holzkirchener bis heute treu.

Am Pfingstsonntag treffen die Wallfahrer alljährlich auf dem Marktplatz in Bogen ein. Nun geht's hinauf auf den Bogenberg. Die »lange Stang«, wie die riesige Kerze im Volksmund heißt, wird jetzt senkrecht aufgerichtet und im Laufschritt, vorbei an den Kreuzwegstationen, zum Wallfahrtsheiligtum hinaufgetragen. Es ist ein gewaltiger Kraftakt, bei dem die stärksten Burschen gefordert sind. Auf keinen Fall darf die Kerzenstange umfallen, denn das würde nach alter Volksmeinung Unheil verheißen.

Oben angekommen, wird die lange Stang in der Kirche vor dem Chorbogen zu der vom letzten Jahr gestellt. Und die Kerze vom vorletzten Jahr wird dann nach altem Brauch in kleine Scheiben zersägt, die die Pilger als Mitbringsel und Glücksbringer mit nach Hause nehmen.

PFINGSTBESUCHER

Aus dem »Heilig-Geist-Loch«

Pfingsten wird 50 Tage nach Ostern gefeiert: Der griechische Name »pentekoste hemera« – »der fünfzigste Tag« erinnert daran. Kirchlich gesehen ist Pfingsten das Fest des Heiligen Geistes, der auf die Apostel herabkam, als sie in Jerusalem versammelt waren – ein Ereignis, das sich einer sinnlichen Wahrnehmung entzieht. In der Barockzeit versuchte man dieses Geschehen den Gläubigen dadurch zu veranschaulichen, indem man während der Messe aus dem »Heilig-Geist-Loch« im Deckengewölbe der Kirche eine lebendige, später eine hölzerne, Taube als Symbol der dritten göttlichen Person auf die Kirchenbesucher herabschweben ließ. Dieser Brauch, der oft Heiterkeit auslöste, ist längst ausgestorben.

Mit dem Pfingstl unterwegs

Im Gegensatz zu anderen Landesteilen werden im Bayerischen Wald noch Pfingstbräuche gepflegt, die voller Symbolik sind. So geht in der Gegend um Cham, Regen und Kötzting am Pfingstsonntag der »Pfingstl« von Haus zu Haus, wo er schon freudig erwartet wird. Wer ist dieser Pfingstl? Dahinter verbirgt sich ein Bub, den man bis zum Kopf mit Stroh, Birkenzweigen oder auch mit Tannenreisig umwickelt hat. Er soll den vergangenen Winter symbolisieren. Das Geleit geben dem Pfingstl junge Burschen, die in der Hand ein kleines Maibäumchen mit bunten

Mit dem Pfingstl unterwegs, St. Englmar, Bayerischer Wald

Bändern, eine »Pfingstrute«, tragen. Mit seinen Begleitern, gekleidet in der Waldlertracht mit schwarzer Kniebundhose, roter Weste und schwarzem Krempenhut, beginnt nun der Pfingstl, der kaum durch das Stroh hindurchblinzeln kann, seinen Rundgang. Vor den Häusern sagen die Burschen dann jedes Mal einen Scherzreim auf:

»Alleluja, Alleluja, unser Pfingstl ist da!
Da geht nun der Herr Pfingstl von Haus zu Haus,
da schau'n die Leute zum Fenster heraus
und meinen, wir sind die Rechten,
derweil sind wir dem Pfingstl seine Knechten ...«

Einen Pfingstl ganz anderer Art kannte man in manchen Orten der nördlichen Oberpfalz, wo man in der Nacht zum Pfingstsonntag auf Hausdächer heimlich den Pfingstl setzte, eine lebensgroße Strohpuppe in Männerkleidern. Der Pfingstl, auch Pfingstlümmel oder Pfingsthansl genannt, setzte ein in diesem Haus wohnendes Mädchen dem Gespött der Leute aus. Das Aussterben dieses Femebrauches wurde von niemand bedauert.

Das Wasservogel-Singen

In der Gegend von Freyung und Wolfstein ist bis heute am Pfingstsonntag ein anderer, nur dort heimischer Brauch lebendig: das Wasservogel-Singen. Am Abend ziehen Burschen und jüngere Männer, alle wasserfest gekleidet, von Hof zu Hof und singen Löbliches, aber auch deftige Spottverse auf die Leute im Haus. Diese dürfen sich dafür dann mit kaltem Wasser revanchieren, das sie mit einem Kübel auf die »Wasservögel« von einem Fenster oder Balkon herabgießen. Über den Sinn und Ursprung dieses Brauches, der in den letzten Jahren wieder belebt wurde, kann man nur spekulieren. Wahrscheinlich handelt es sich um einen alten Fruchtbarkeitszauber, der einen trockenen Sommer abhalten sollte. Das Wasser galt schon in alter Zeit als Element der Fruchtbarkeit. In dem Brauch wird aber auch eine Darstellung des Kampfes zwischen Winter und Frühling gesehen.

DAS ENGELMARI-SUCHEN IN SANKT ENGLMAR

Legendäre Untat

Im höchstgelegenen Kirchdorf des Bayerischen Waldes (800–1095 Meter), in Sankt Englmar, kann man alljährlich am Pfingstmontag einen Brauch erleben, der auf eine Bluttat zurückgeführt wird. Hier, in den umliegenden Wäldern, hatte um das Jahr 1100 der Eremit Engelmar eine kleine Einsiedlerzelle. Aus Neid, wie es in der Lebensbeschreibung des Heiligen heißt, sei er von einem Mitbruder erschlagen worden. Nach einer anderen Quelle soll die Untat ein Knecht des Grafen von Bogen begangen haben, der dem Einsiedler im Winter Essen bringen sollte. Der Legende nach fand ihn schließlich an Pfingsten ein Geistlicher, der auf einem Versehgang, war verscharrt unter Reisig. Der erboste Graf wollte daraufhin den

Leichnam des frommen Mannes, der beim Volk hoch verehrt wurde, auf den Bogenberg überführen lassen, doch sollen sich die Pferde geweigert haben, ihn dort hinaufzuziehen.
So wurde der heilige Engelmar ins Tal gebracht und über der Bestattungsstelle 1131 eine kleine Kapelle errichtet. Als diese nach Jahren nicht mehr all die Wallfahrer fassen konnte, die zum Grab des Eremiten pilgerten, erbaute man 1656 eine Kirche, die Vorläuferin der heutigen Pfarrkirche von Sankt Englmar.

Religiöses Schauspiel

Das Leben des Heiligen, vor allem aber sein Ende durch die Hand eines Mörders, hat zu allen Zeiten die Menschen bewegt. In der Barockzeit stellte man seinen legendären Lebenslauf in großen Tafelbildern dar, die noch heute in der Pfarrkirche hängen.
Zum Gedächtnis an die Auffindung des beliebten Eremiten, der dem heutigen Luftkurort den Namen gegeben hat, veranstalten die 1500 Einwohner von Sankt Englmar alljährlich ihr religiöses Spiel: das Englmari-Suchen. In einer langen Reiterprozession mit über 100 Pferden ziehen am Pfingstmontag Einheimische und Gäste des Bergdorfes betend durch das Dorf hinauf zum Kapellenberg, wo dann eine Figur des Heiligen, unter Reisig versteckt, »gefunden« wird. Nach einer Feldmesse wird sie in einem farbenprächtigen Reiterzug feierlich ins Dorf zurückgebracht. Der Pfarrer reitet dabei in vollem Ornat vor dem Ochsenwagen, auf den die Englmar-Figur gelegt wird. Die Schlichtheit, die dieses religiöse Schauspiel aus der Barockzeit auszeichnet, ist Ausdruck einer noch heute lebendigen Volksfrömmigkeit. Gerade deshalb wirkt das Englmari-Suchen so echt und überzeugend.

Rücktransport der Englmari-Figur

600 JAHRE KÖTZTINGER PFINGSTRITT

Traditionelles bayerisches Brauchtum kann erleben, wer zu Pfingsten nach Kötzting im Bayerischen Wald kommt. Hier findet alljährlich am Pfingstmontag der Pfingstritt statt, auf den die Kötztinger sehr stolz sind. Er ist der Höhepunkt im jährlichen Festkreis der kleinen ostbayerischen Stadt.

Alte Trachten bei der Pferdewallfahrt

Schon viele Tage und Wochen steht der Pfingstritt im Mittelpunkt aller Aktivitäten der Stadt. Alles ist genau nach alter Tradition geregelt. Die Straßen und Plätze werden festlich mit Girlanden und Fahnen zum Empfang der bis zu 900 Reitern herausgeputzt, die aus der näheren und weiteren Umgebung zum Pfingstritt kommen. In ihrer strengen Oberpfälzer Tracht, mit langen dunkelblauen Mänteln, schwarzen Hosen und Lederstiefeln, reihen sie sich mit ihren schweren Rössern in den Zug ein.

Unter feierlichem Glockengeläut verlassen die Reiter um acht Uhr früh den Marktplatz und ziehen, laut den Rosenkranz betend, zur etwa sieben Kilometer entfernten Nikolauskirche von Steinbühl im Zellertal. An der Spitze des Zuges reitet der Kreuzträger, gefolgt von zwei Laternenträgern, zwei Fanfarenbläsern und dem Pfarrer und weiteren Priestern, ebenfalls hoch zu Ross.

Schön geschmückte Pferde beim Kötztinger Pfingstritt

An vier Haltepunkten wird ein Text aus dem Evangelium vorgelesen. Es ist offensichtlich: Der Kötztinger Pfingstritt versteht sich als Bittprozession, er ist wohl die größte berittene Prozession in Europa. Ganz im Gegensatz zu anderen Pferderitten beten auf dem Weg die teilnehmenden Reiter immer wieder gemeinsam und betonen dadurch den religiösen Charakter dieser Brauchtumsveranstaltung. Und auch das ist anders: Am Ritt dürfen nur männliche Reiter teilnehmen, das ist alte Tradition.

In Steinbühl angekommen, werden die Pferde unter schattigen Bäumen abgestellt, die Reiter begeben sich zum Gottesdienst in die dortige Wallfahrtskirche St. Nikolaus, die für diesen Tag viel zu klein ist. Nach dem Segen und einer kurzen Rast brechen die Pfingstreiter mittags wieder zum Heimritt auf, und auch dabei wird gebetet. Bei der Rückkehr in die Stadt wird der Reiterzug mit Glockengeläut, Fanfarenklängen und Böllern empfangen.

Der Kötztinger Pfingstritt, das größte Brauchtumsfest Ostbayerns, geht auf eine Legende zurück. Danach wurde im Jahre 1412 der Pfarrer von Kötzting nachts zu einem schwer kranken Bauern nach Steinbühl gerufen,

Ursprung des Ritters

um ihm die Sterbesakramente zu bringen. Wegen der Dunkelheit und der allgemeinen Unsicherheit auf den Straßen ließ sich der Geistliche bei seinem Versehgang durch dunkle Wälder von jungen Männern begleiten. Zum Dank für seine sichere Heimkehr gelobte der Pfarrer eine alljährliche Pfingstwallfahrt nach Steinbühl, die später in einen Ritt umgewandelt wurde.
Er wird seit nunmehr 600 Jahren durchgeführt, mit einer kurzzeitigen Unterbrechung zu Anfang des 19. Jahrhunderts, als Graf Montgelas ein Verbot erließ. 1820 erhielten die Kötztinger wieder die Erlaubnis für den Ritt, den sie bis heute in großer Treue zu Brauchtum und christlichem Glauben durchführen.

Feierliche Pfingshochzeit

Auf einem besonders schön geschmückten Pferd reitet auch ein junger Bursche, der Pfingstbräutigam, sowie seine Brautführer mit. Ihm wurde vom Stadtrat diese besondere Ehre für jeweils ein Jahr angetragen. Nach der Rückkehr in die Stadt überreicht ihm auf dem Marktplatz der Geistliche auf Vorschlag des Stadtrates das Tugendkränzchen, im Volksmund »Pfingstkranzl« genannt. Es ist eine kostbare filigrane Arbeit aus Gold- und Silberdraht und wird seit 2007 von Schwestern des Landshuter Klosters Seligenthal angefertigt. Der Pfingstbräutigam soll »ledig, unbescholten und katholisch« sein und hat das Recht, seine Pfingstbraut unter den Bürgerstöchtern auszuwählen.
Nach dem Ende des Festaktes formiert sich vor dem Haus des Pfingstbräutigams der Burschen- und Brautzug zur Pfingsthochzeit. In feierlichem Geleit wird nun die Pfingstbraut abgeholt und ihr am Alten Rathaus ein Ehrentrunk gereicht. Noch bis zum Abend ziehen die Pfingsthochzeiter mit ihrer Gefolgschaft und unter dem Jubel der Zuschauer durch die Straßen der Stadt.

FRONLEICHNAM – EIN FEST VOLLER PRACHT

Im bayerischen Festtagskalender nimmt das Fronleichnamsfest eine herausragende Stellung ein und ist einer der Höhepunkte im Kirchen- und Brauchtumsjahr. Bei diesem Fest, das 50 Tage nach Ostern, am zweiten Donnerstag nach Pfingsten, gefeiert wird, tragen die katholischen Christen die Freude über ihren Glauben aus den Kirchen hinaus auf die Straßen und Gassen. Und weil sich die Natur in dieser Zeit in ihrem schönsten Kleid zeigt, weil jetzt in Feld und Flur und in den Gärten alles grünt und blüht, ist Fronleichnam zudem ein richtiges Frühlingsfest.

Visionen einer Nonne

Der Ursprung des Fronleichnamsfestes liegt im Mittelalter und geht zurück auf Visionen der belgischen Augustinernonne Juliana. Auf ihre Anregung hin führte der Erzdiakon von Lüttich 1246 ein Fest zu Ehren der heiligen Eucharistie ein. Bestätigt wurde er dabei durch ein Blutwunder in der Stadt Bolsena in Mittelitalien im Jahre 1263, als sich bei einer Messfeier an einer Hostie einige Tropfen Blut zeigten. Schon ein Jahr danach erhob der belgische Erzdiakon, jetzt als Papst Urban IV., das in seiner Heimat eingeführte Fronleichnamsfest zum allgemeinen Kirchenfest.

Damit sollte der »Leib des Herrn« – das ist die Übersetzung des mittelhochdeutschen Wortes »fronleichnam« – besonders verehrt werden.
Große Förderer des Fronleichnamsfestes waren im Mittelalter die Dominikaner. Diesem Orden gehörte auch Thomas von Aquin, der bedeutende Theologe des Mittelalters, an, der für dieses Fest den berühmten Lobeshymnus »Lauda Sion, Salvatorem« – »Lobe, Sion, den Erlöser, preise deinen Herrn und Hirten in Hymnen und Liedern« dichtete.

Prunk und Pracht

Um die Feierlichkeit des Fronleichnamsfestes zu demonstrieren, entstanden schon bald Prozessionen, was die Beliebtheit des neuen Kirchenfestes enorm steigerte. In Deutschland wurden die ersten Prozessionen 1273 in Benediktbeuern und 1305 in Augsburg durchgeführt, es folgten München 1343, Würzburg 1381 und Freiburg 1407. Durch die Prozession mit der konsekrierten Hostie in einer Monstranz erreichte das Fronleichnamsfest seine große Volkstümlichkeit. »Die Königin aller Prozessionen« machte Fronleichnam zu einem Hochfest des Kirchenjahres, bei dem bayerische Frömmigkeit und Lebensart einen besonders liebenswerten Ausdruck finden.

Prozessionsordnung

Die große Beliebtheit der Fronleichnamsprozession machte bereits 1484 in München eine Prozessionsordnung erforderlich, um den Ablauf des Umgangs zu regeln. Eine zentrale Stellung in der Prozession kam im späten Mittelalter den Zünften zu. Nach einem genau festgelegten Reglement beteiligten sich an der Münchner Prozession 43 Gewerbe, die untereinander um die besten Plätze und die Reihenfolge stritten. Je angesehener die Zunft, je würdiger die Meister waren, umso näher durf-

Fronleichnamprozession, Grainau

ten sie bei der Prozession dem Allerheiligsten sein, das in einer Monstranz von einem Kleriker unter einem Traghimmel oder auch auf einer geschmückten Tragbahre getragen wurde, begleitet von Geistlichen, die Kerzen, Reliquien oder Kelche in Händen hielten.
Ein Ehrenplatz in der Fronleichnamsprozession stand traditionell den Müllern und Bäckern zu, verdankte man ihnen doch das heilige Brot im Altarsakrament. Deshalb durften sie auch unmittelbar vor dem Allerheiligsten gehen. Am weitesten entfernt vom Sanctissimum waren die Bader und die Bettler, die gesellschaftlich nicht sehr angesehen waren den Schluss bildeten die Köchinnen und Witwen. Aus schriftlichen Belegen weiß man, dass es über den Platz in der Fronleichnamsprozession immer wieder zu Streitereien und sogar Raufereien kam.

Das Allerheiligste unter dem Baldachin

Der ehrenvollste Platz gleich hinter dem Traghimmel war dem Landesherrn, dem Rektor der Hochschule und Bürgermeister einer Stadt vorbehalten. Hier sei an König Ludwig III. von Bayern erinnert, der es sich nicht nehmen ließ, in der Münchner Fronleichnamsprozession hinter dem Baldachin mit einer brennenden Kerze zu schreiten.
Der Mittelpunkt einer jeden Fronleichnamsprozession ist schon seit dem späten Mittelalter ein Baldachin, unter dem von einem Priester die Monstranz mit der geweihten Hostie durch die Straßen und Gassen getragen wird. Der Baldachin, im Volksmund als »Himmel« bekannt, hat seinen Ursprung in der Antike und wurde von der Kirche als Hoheitszeichen übernommen, als Zeichen der Verehrung für den Herrn der Welt. Deshalb legte man beim Baldachin auch stets besonderen Wert auf eine kostbare Ausstattung.

Fronleichnamsprozession auf dem Staffelsee und auf der Insel Wörth

Stationen auf dem Prozessionsweg

Seit dem 15. Jahrhundert wurde es Brauch, beim Umgang an vier Stellen, meist an den Stadttoren, anzuhalten und die Anfänge der vier Evangelien zu singen. Darauf weist bereits eine Anweisung des Freisinger Bischofs aus dem Jahre 1428 für die beiden Münchner Pfarreien hin. Und auch das wurde schon damals Brauch: An die Lesung der Evangelientexte schlossen sich vor dem Segen mit der Monstranz schon damals Bitten um Schutz vor Blitz, Hagel und Gewitter sowie vor Pest, Hunger und Krieg an. Diese Bitten sind bis heute ein fester Bestandteil der Segensgebete in der Prozession.

Die Feierlichkeit der Prozession

Die heutige Form der Fronleichnamsprozession geht im Wesentlichen auf Vorbilder in Spanien zurück, wo die Jesuiten im 16. Jahrhundert Prunkprozessionen inszenierten. Von der einstigen barocken Pracht ist nur noch wenig geblieben, trotzdem kommt es bei der Prozession auch in unseren Tagen zu einer großen Prachtentfaltung. So wird der Prozessionsweg nach altem Brauch mit Birkenbäumchen geschmückt, die Häuser werden mit grünen Girlanden und roten Tüchern behängt, auf den Boden wird neben Blumen frisches Gras, die »Kränzelstreu«, ausgebreitet, vor den vier Altären werden Blumenteppiche ausgelegt, und Blaskapellen sorgen für den feierlichen musikalischen Rahmen. In Anlehnung an barocke Vorbilder werden Fahnen, Standarten, Bilder, Leuchter und Kerzen mitgetragen.

Das Bild der Fronleichnamsprozession ist regional ganz unterschiedlich, in jeder Stadt, in jedem Dorf hat sich eine andere Tradition entwickelt. Besonders feierlich ist der »Umgang« im bayerischen Oberland. Hier, z. B. in Schliersee, Benediktbeuern, Lenggries, Wackersberg, Oberaudorf und Mittenwald, erweisen die »Antlassschützen« in ihren historischen Trachten dem Herrgott in der Monstranz ihre Reverenz. Auf den Zuruf ihres Kommandanten lassen die Antlassschützen ihre Böller krachen und geben einen donnernden Salut.

Seeprozession

Zu einem Fest ganz besonderer Art wird die Fronleichnamsprozession auf dem Wasser. Die Berühmteste fand bis 1972 auf dem Chiemsee statt. Eine nicht weniger eindrucksvolle Seeprozession kann man alljährlich in Seehausen am Staffelsee erleben. Hier besteigen nach dem feierlichen Gottesdienst in der Kirche die Gläubigen blumengeschmückte Boote und Kähne und folgen dem Schiff mit dem Traghimmel und dem Allerheiligsten. Angesichts des Touristenstroms, der Jahr für Jahr über den Staffelsee hereinbricht, ist nur zu hoffen, dass es den Seehausern gelingt, diese Prozession als ein Zeugnis ihrer gelebten Frömmigkeit zu erhalten.

JOHANNES – DER TÄUFER AUS DER WÜSTE

Der Begleiter Jesu

Hans, Hannes, Giovanni, Juan – sie alle tragen den Namen des heiligen Johannes, der das Leben und Wirken von Jesus wie kein anderer begleitete. Als Sohn der Eltern Zacharias und Elisabeth erblickte er ein halbes Jahr vor ihm das Licht der Welt. Seine Heimat war das bergige Judäa. Schon in jungen Jahren lebte er gerne

in der Wüste, wo er sich der Mönchsgruppe der Essener anschloss. Diese hielten sich auch in Qumran am Toten Meer auf, wo man vor einem halben Jahrhundert bedeutende Handschriften fand.
Johannes predigte in der Wüste, am Jordan und in Jerusalem Buße und Umkehr zur Vorbereitung auf die Ankunft des Messias, den er am Jordan taufte. Mit seiner asketischen Lebensweise beeindruckte er seine Mitmenschen. Da König Herodes Antipas in seiner großen Popularität eine Gefahr für sich und seinen Thron sah, ließ er Johannes verhaften, auch weil dieser ihn wegen seines Ehebruchs öffentlich gerügt hatte. Seine neue Frau Herodias betrieb daher seine Tötung, was ihr mit einer List gelang. Als ihre Tochter Salome bei einer Geburtstagsfeier zu Ehren des Herodes tanzte, forderte sie als Lohn das Haupt des Johannes. Nach alten Quellen bestatteten ihn seine Jünger in Sebaste in Samaria.

Beliebter Patron

Bild oben: Taufe Jesu, Fresko von J. B. Baader (1759), Wessobrunn

Johannes wurden in der Vergangenheit zahllose Kirche, Kapellen und Altäre geweiht. Große Künstler haben ihn als Täufer am Jordan und bei seiner Hinrichtung dargestellt. Seinen Namen tragen bei uns auch Pflanzen und Tiernamen: Johannisbeere, Johanniskraut, Johanniskäfer, Johanniswürmchen. Dem Johanniskraut wird eine besondere Wirkkraft nachgesagt.
Johannes ist der Patron der Bauern, aber auch der Architekten, Gastwirte, Hirten, Kaminkehrer, Winzer und Zimmerleute. Große Künstler haben Johannes als Täufer am Jordan und bei seiner Hinrichtung dargestellt.

Lostag

Die große Beachtung, die man stets dem Johannistag schenkte, hängt sicher auch mit dem Termin des Namensfestes des Heiligen am 24. Juni zusammen. Die Sonne erreicht in diesen Tagen den höchsten Stand. Die Sommersonnenwende bringt den längsten Tag und die kürzeste Nacht des Jahres.

Das Johannisfeuer

Die Beliebtheit dieses Heiligen, »Sommerhansl« genannt, zeigt sich besonders im Brauchtum, das sich um sein Namensfest rankt. Nach einem sehr alten Brauch werden auf Anhöhen und Bergen Johannisfeuer entzündet, die nach dem Wunsch der Kirche ein Gegengewicht zum heidnischen Sonnwendfeuer schaffen sollten. Das Johannisfeuer ist alljährlich ein Fest der Freude über die Fülle des Sonnenlichtes in den Tagen der Sommersonnenwende.

JULI

Juli. Monatszyklus von Stephan Kessler (1672), ehemaliges Kloster Benediktbeuern

Dieser Monat ist nach Julius Cäsar, dem großen römischen Staatsmann, benannt, der auch eine große Kalenderreform durchführen ließ. Je nach Witterung beginnen im Juli die Erntearbeiten. Für die Schüler und viele Menschen, die nicht in der Landwirtschaft beschäftigt sind, bringt der Juli die heiß ersehnten Ferien und den Urlaub.

Namenstage

4. Juli: *Ulrich*
8. Juli: *Kilian*
16. Juli: *Irmengard*
20. Juli: *Margareta*
24. Juli: *Christophorus*
25. Juli: *Jakobus*
26. Juli: *Anna*

Bauern- und Wetterregeln

Juli recht heiß,
lohnt Müh' und Schweiß.

Hört im Juli der Regen nicht auf,
geht leicht ein Teil der Ernte drauf.

Einer Reb und einer Geiß
ist's im Juli nie zu heiß.

Was der Juli verbricht,
rettet auch der September nicht.

Wenn es an Jakobi regnet,
ist der Wein nicht sehr gesegnet.

Ist St. Anna erst vorbei,
kommt der Morgen kühl herbei.

DIE VEREHRUNG DER VIERZEHN NOTHELFER

Anfänge der Nothelferverehrung

Zu allen Zeiten haben sich die Menschen Helfer in Notlagen gesucht. Seit der Frühzeit des Christentums vertrauen sich viele einigen Heiligen an, in denen sie Helfer und Fürsprecher bei Gott sehen. Im Mittelalter, in einer Zeit größter Nöte und Gefahren, kam es zur Bildung einer Gruppe von vierzehn Heiligen, die sich in besonderer Weise als Nothelfer bewährt haben.
Durch die Kreuzfahrer gelangte die Kunde von diesen Heiligen aus dem Orient auch nach Europa, von denen man sich Hilfe vor allem gegen die Pest, die größte Plage des Mittelalters, erwartete, der man sich hilflos ausgeliefert sah. Anfänge der Nothelferverehrung lassen sich in unserer Heimat bereits um 1300 in Regensburg nachweisen. Hier waren es besonders die Bettelorden der Dominikaner und Mino-

riten, die die Menschen für die noch unbekannten Heiligen begeisterten. In der Peterskirche in München gab es bereits 1348 eine Kerzenstiftung für einen Nothelferaltar.

Erscheinung in Vierzehnheiligen

Einen gewaltigen Auftrieb erlebte die Nothelferverehrung durch ein legendäres Ereignis anno 1445. Genau am 24. September hatte der Schäfer des Klosters Langheim gegen Abend auf einem Acker die Erscheinung eines weinenden Kindes. Als er näher hinzutreten wollte, war es verschwunden. In einer zweiten Vision erblickte er abermals das Kind, doch nun zu beiden Seiten je eine Kerze. Im darauf folgenden Jahr, am 28. Juni 1446, schaute er wiederum das Kind, diesmal mit einem roten Kreuz auf dem Herzen und umgeben von vierzehn Kindern, alle gleich gekleidet, halb weiß, halb rot. Das Kind in der Mitte des Kreises sagte zu dem Schäfer: »Wir sind die vierzehn Nothelfer und wollen eine Kapelle haben, auch gnädiglich hier rasten.« Daraufhin verschwand die Kinderschar in den Wolken.

Auf den Bericht des Klosterschäfers hin errichtete man noch im selben Jahr an der Erscheinungsstelle ein Kreuz und später eine Kirche. Wenige Tage nach der letzten Erscheinung wurde ein erstes Wunder bekannt: Eine todkranke Magd aus Langheim wurde geheilt, nachdem sie die vierzehn Nothelfer angerufen hatte. Das Mirakel sprach sich schnell herum, und fortan kamen immer mehr Hilfesuchende ins Frankenthal, wie die Gegend um den heutigen Gnadenort Vierzehnheiligen in Oberfranken hieß.

Als die kleine Kirche die vielen Pilger aus Franken, Bayern und Tirol, ja sogar aus Sachsen und Schlesien nicht mehr aufnehmen konnte, entschloss sich Stephan Mösinger, der Abt des Klosters Langheim, zum Bau eines neuen Gotteshauses. Die Planung übertrug man dem angesehenen fürstbischöflichen Würzburger Baumeister, Ingenieur und Artillerie-Oberst Balthasar Neumann. Er schuf für die prächtige Kirche auch den Gnadenaltar mit den Figuren der vierzehn Nothelfer. Die Kirche ist ein geniales Meisterwerk barocker Baukunst.

Wallfahrtsbasilika Vierzehnheiligen

Helfer in vielen Notlagen

Achatius wurde als Helfer in vielen Lebensnöten und in Todesangst angerufen. Namensfest: 22. Juni.

Ägidius gilt als Nothelfer bei Viehkrankheiten, bei Dürre, Feuer und Sturm, aber auch in seelischer Not und Verlassenheit. Namensfest: 1. September.

Hinterglasbild aus Oberösterreich

Blasius wurde zum Patron der Ärzte und Blasmusiker und zum Helfer bei Hals- und Kehlkopfleiden. Namensfest: 3. Februar.

Christophorus gilt als Helfer für eine gute Sterbestunde und als Patron der Schiffer und Fuhrleute, der Reisenden und Pilger. Namensfest: 24. Juli.

Cyriakus ist der Patron der Unterdrückten und Zwangsarbeiter. Namensfest: 8. August.

Dionysius gilt als Helfer bei Kopfweh und Kopfkrankheiten sowie in Gewissensnöten. Namensfest: 9. Oktober.

Erasmus ist der Patron der Seeleute und Schiffsreisenden. Namensfest: 2. Juni.

Eustachius wird von Jägern und Förstern sowie den Schützen als Patron verehrt. Namensfest: 20. September.

Georg, der Drachentöter, gilt als Patron der Reiter, Ritter und Kreuzfahrer. Namensfest: 23. April.

Pantaleon ist der Patron der Ärzte und Kranken und Nothelfer bei Kopfschmerzen. Namensfest: 27. Juli.

Vitus wurde als Helfer bei Nervenkrankheiten, Epilepsie und Veitstanz, bei Tollwut und Unfruchtbarkeit angerufen. Namensfest: 15. Juni.

Die »drei heiligen Madln«

Barbara gilt als Helferin für eine gute Sterbestunde. Namensfest: 4. Dezember.

Margareta ist die Patronin der Bauern, Hirten und Ehefrauen. Namensfest: 20. Juli.

Katharina ist die Schutzfrau der Gelehrten, Lehrer, Redner, Wagner und Fuhrleute. Namensfest: 27. November.

Margareta mit dem Wurm,
Barbara mit dem Turm,
Katharina mit dem Radl,
das sind die drei heiligen Madln.

Weitere Nothelfer

Aufgrund besonderen Vertrauens wurden in den Nothelferkreis oft anstelle der weniger bekannten St. Cyriakus und Dionysius regional beliebte Heilige aufgenommen: der Pferdepatron St. Leonhard (Namensfest 6. November), der Kinderheilige St. Nikolaus (Namensfest 6. Dezember), der Schützenpatron St. Sebastian (Namensfest 20. Januar), der Schutzherr der Hirten und Holzfäller St. Wolfgang (Namensfest 31. Oktober) und der Viehpatron St. Mang (Namensfest 6. September).

Andachtsbild: Irmengard im Boot mit Mitschwestern

IRMENGARD – ÄBTISSIN VON FRAUENCHIEMSEE

Die Fraueninsel im Chiemsee ist seit 1200 Jahren ein geistiges Zentrum Bayerns. Mit der idyllisch gelegenen Insel vor den Chiemgauer Bergen ist aufs Engste das vom Agilolfinger Herzog Tassilo III. um 700 gegründete Kloster Frauenwörth verbunden, das nach seinem Sturz im Jahre 788 in den Machtbereich der Karolinger überging.

Aus diesem Geschlecht stammte Irmengard oder Irmingard, die älteste Tochter König Ludwigs des Deutschen und Urenkelin Karls des Großen. 832 in Regensburg geboren, wurde sie im Stift Obermünster und im Frauenkloster Buchau am Federsee in Schwaben erzogen. Geprägt von der benediktinischen Ordenstradition, übernahm sie mit 25 Jahren die Leitung des Klosters auf der Fraueninsel, dem sie sechs Jahre als Äbtissin vorstand. Mit erst 34 Jahren starb Irmengard am 16. Juli 866. Ihre Gebeine ruhten über Jahrhunderte in einem Bleisarg in der Klosterkirche, seit 1929 liegen sie in einem Schrein aus Kristallglas in der Irmengardkapelle des Münsters. Jüngste Untersuchungen haben die Echtheit der Reliquien bestätigt.

Irmengards Grab wurde schon bald ein Ort der Verehrung. Die Torhalle der einstigen Klosteranlage mit der Michaelskapelle sowie die romanische Klosterkirche, die auf karolingischen Grundmauern ruht, erinnern an die Frühzeit des Inselklosters und Irmengards Wirken, die 1928 seliggesprochen wurde.

Blick auf romanisches Münster Frauenchiemsee

Landshuter Hochzeitzug durch die Altstadt

LANDSHUTER HOCHZEIT

Die große Fürstenhochzeit

So schallt alle vier Jahre der Gruß der Landsknechte durch die altbayerische Herzogsstadt Landshut, wenn Festspielzeit ist und die niederbayerische Metropole an ein herausragendes Ereignis seiner Geschichte erinnert. Es ist eine Hochzeit vor über 500 Jahren, die Vermählung eines bayerischen Herzogssohnes und einer polnischen Königstochter, die zu einem epochalen Ereignis am Ende des Mittelalters wurde.

Man schrieb das Jahr 1475. Unter diplomatischer Einschaltung kirchlicher und politischer Kontakte war es der mit reichlichen Geschenken ausgestatteten bayerischen Gesandtschaft gelungen, eine Ehe zwischen Georg, dem 20-jährigen Sohn des Bayernherzogs Ludwig dem Reichen, und der 18-jährigen Königstochter Hedwig aus Polen anzubahnen. Ludwig der Reiche war an dieser Verbindung aus politischen Gründen sehr interessiert, war doch Hedwigs Vater Kasimir IV. Herrscher

über Polen, die Ukraine und weite Teile Russlands andererseits war auch den Polen an einer Verbindung zu einem westlichen Land sehr gelegen. Nach einer zweimonatigen Reise unter dem Geleit polnischer Fürsten und Beamter, die über Posen, Berlin, Wittenberg, Nürnberg, Ingolstadt und Moosburg führte, traf der prunkvolle Brautzug am 14. November des Jahres 1475 in Landshut ein. Der Herzogssohn Georg erwartete zusammen mit Kaiser Friedrich III. und dessen Sohn Maximilian sowie mit Fürsten und Bischöfen seine Braut, die er bislang noch nicht gesehen hatte.
Nun zog das fürstliche Paar mit deutschen und polnischen Adeligen feierlich in die festlich geschmückte Herzogsstadt ein. Unter den Klängen von Trompeten, Posaunen und Pauken betrat es die noch nicht ganz vollendete St.-Martins-Kirche. In Anwesenheit einer erlesenen Schar von Gästen vollzog der Erzbischof von Salzburg die Trauung, die »ein Nutz sein sollte für Kirche und Reich«, denn durch die Hochzeit sollte ein Bollwerk gegen die Türken geschaffen werden, die 1453 Konstantinopel erobert hatten.

Ein Fest für das ganze Volk

Das Hochzeitsfest, das nach der Vermählung des Fürstenpaares gefeiert wurde, war in seiner Art einmalig: Der Kaiser und sein Sohn waren ebenso wie das gemeine Volk eine ganze Woche lang Gäste des »reichen Herzogs«. Nach seinem Gebot durfte während der Festwoche kein Wirt den Gästen oder Stadtbewohnern Essen und Trinken geben. Jedermann sollte seine Verpflegung von der herzoglichen Küche bekommen.
Was verzehrt wurde, war beachtlich: 300 ungarische Ochsen, 6200 Hühner, 5000 Gänse, 7500 Krebse, 75 Wildschweine und 160 Hirsche. Dazu wurden 430 Fässer Wein leer getrunken. Die Ausgaben betrugen insgesamt 60 766 rheinische Gulden. Die opulente Fürstenhochzeit war eines der eindrucksvollsten Feste des ausgehenden Mittelalters und erweckte noch einmal die Idee von einem geeinten Europa, der Einheit des Abendlandes.

Die Hochzeit als historisches Fest

Bei der neugotischen Umgestaltung des Landshuter Rathauses im 19. Jahrhundert entstanden im Rathausprunksaal große Wandgemälde, die die Fürstenhochzeit von 1475 zum Thema hatten. Diese Arbeiten gaben den Anstoß zur Gründung des historischen Vereins »Die Förderer«, der erstmals 1903 einen Festzug in Szene setzte. Nach und nach entwickelte sich das heutige umfassende Festprogramm, das Tausende von Besuchern anzieht.
Ein solches Fest wie die Landshuter Fürstenhochzeit bedarf einer umfangreichen, langfristigen Vorbereitung, die in den Händen von einem Organisationsausschuss liegt. Er kümmert sich auch um die sachgerechte Verwahrung, Restaurierung und Neuanschaffung von Kostümen, die originalgetreu nachgearbeitet werden.
Nicht weniger als 2000 Personen sind am Festzug beteiligt als Edeldamen und Pagen, Bischöfe, Mönche und Hofbeamte, Ritter in schimmernder Rüstung, Knappen, polnische Fanfarenbläser, Trommler, Pfeifer, Ratsherren und Bürgerinnen, Hofgesinde, Trossknechte, Moriskentänzer und viel Bettelvolk. Den Mittelpunkt

Bild unten: Gotischer Bildstock bei Warngau

des Zuges bildet das Brautpaar: Die Braut winkt aus dem goldenen Wagen, der Bräutigam reitet hoch zu Ross. Alle Mitwirkenden sind in historische Gewänder gekleidet.
Neben dem Hochzeitszug erinnern weitere Programmpunkte an die mittelalterliche Welt der Fürstenhochzeit. So führt der Hochzeitszug von der Altstadt auf die Turnierwiese, wo Fahnenschwinger, Reisige (das waren im Mittelalter die gewappneten Dienstleute oder die berittenen Begleitpersonen) und Ringelstecher dem Brautpaar huldigen. Reiter- und Ritterspiele begeistern die Zuschauer.

ALTE FLURDENKMALE AM WEG

Schlichte Wegkreuze

Sie passen nicht mehr so recht in unsere hektische Zeit, die schlichten Flurdenkmale, die unsere Vorfahren in Wald und Flur, an Wegen und auf Anhöhen errichtet haben. Einige dieser Flurdenkmale, die bis heute in vielen Regionen zum Landschaftsbild gehören, haben das Auf und Ab der Zeiten überstanden und werden heute gepflegt und vor dem Verfall bewahrt.

Wegkreuze treffen wir auf dem Lande, inmitten eines Dorfes, auf freier Flur, am Wegrand, an Wegkreuzungen, im Gebirge, auf Anhöhen, in Wäldern. Die Anlässe, ein Kreuz zu errichten, waren vielfältig. Oft war es eine persönliche Erfahrung, die zu einem Versprechen führte. Das konnte ein Schicksalsschlag sein, der einen Einzelnen oder auch eine Gemeinde heimsuchte, oder der Dank für die glückliche Errettung aus großer Not und Verzweiflung oder für die Rückkehr aus Krieg und Gefangenschaft. Nur in seltenen Fällen war ein Wegkreuz ein großes Kunstwerk, meist handelte es sich um die Arbeit eines ortsansässigen Handwerkers, ohne besonderen Schmuck und oft auch ohne Corpus.
Wegkreuze sind seit Jahrhunderten Zeugnisse der Volksfrömmigkeit. Im Zuge der allgemeinen Säkularisierung finden sie heute nur noch eine geringe Beachtung und sind oft schutzlos der Witterung preisgegeben. Wegkreuze werden auch in unseren Tagen errichtet; Auslöser sind aktuelle Anlässe und Erfahrungen großer Bedrängnis und Hilflosigkeit, aber auch Dankbarkeit.

Bildstöcke aus Stein

Bildstöcke finden wir in Wäldern, an Bäumen und Wegrändern in ganz Bayern, besonders im Alpenraum und in Franken. Dort gehören die steinernen Bildstöcke seit Jahrhunderten zum Bild der Landschaft. Die oft verwitterten Bildstöcke sind eindrucksvolle religiöse Flurdenkmale mit unterschiedlichen Bildmotiven. Sie zeigen Leidens- und Kreuzigungsszenen, die Muttergottes und besonders verehrte Heilige. Da in den meisten Fällen nähere Angaben über die Bildstöcke fehlen, konnten sich um sie auch immer wieder Sagen und Legenden bilden, die die Fantasie der Menschen angeregt haben.

Marterl zum Gedenken

In ländlichen Regionen trifft man oft auf kleine, unscheinbare Denkmale aus Holz oder Stein, die an Menschen erinnern, die plötzlich, meist durch einen Unfall, aus dem Leben geschieden sind. Es sind Marterl, die dort aufgestellt wurden, wo einen Familienangehörigen oder Freund der Tod ereilte. Auch heute haben Angehörige das Bedürfnis, mit einem Marterl an den Tod eines lieben Verstorbenen zu erinnern.

Marterl bei Greiling im Isarwinkel

Früher war ein Motiv für die Errichtung eines Marterls vor allem die Sorge um das Seelenheil des Verstorbenen; mit Gebeten am Marterl glaubte man, dessen Aufenthalt im Fegefeuer abkürzen und erleichtern zu können. Daneben sollten die einfachen Denkmale die Lebenden ermahnen, an das eigene Ende zu denken. Man war überzeugt, dass die vor einem Marterl verrichteten Gebete nicht nur den Verstorbenen, sondern auch dem eigenen Seelenheil zugutekommen.

Gewöhnlich gehörte zu einem Marterl auch eine Bildtafel, auf der anschaulich die Art des Todes dargestellt und beschrieben wurde. Die unbekannten Maler setzten die Situation, die zum Tode führte, oft recht drastisch und realistisch ins Bild.

Nicht fehlen durften bei einem Marterl eine Inschrift mit dem Namen, dem Geburts- und Todestag des Verunglückten oder ein Spruch, der zur Besinnung, bisweilen aber auch zum Schmunzeln anregte. Dabei kam es gar oft zu unfreiwillig komischen Texten, die dem Tod etwas von seinem Schrecken nehmen sollten, wie folgender Text zeigt:

»Durch einen Ochsenstoß
kam ich in den Himmelsschoß.
Musst' ich auch gleich erblassen
und Weib und Kind verlassen.
So ging ich doch zur ewigen Ruh',
durch dich, du Rindvieh du!«

AUGUST

August. Monatszyklus von Stephan Kessler (1672), ehemaliges Kloster Benediktbeuern

Der August hat seinen Namen von Kaiser Augustus Octavian. Im römischen Kalender, der mit dem März begann, war der August der sechste Monat. Für die Landwirte bringt er die anstrengende Erntearbeit, für Schüler und viele Berufstätige die herrlichen Ferien- und Urlaubstage.
In der Monatsmitte feiert die katholische Kirche mit traditionellem Brauchtum das Fest Mariä Himmelfahrt, das älteste Marienfest.

Namenstage

7. August: *Afra*
8. August: *Dominikus*
10. August: *Laurentius*
15. August: *Mariä Himmelfahrt*
16. August: *Rochus*
24. August: *Bartholomäus*

Bauern- und Wetterregeln

Fängt der August mit Hitze an,
bleibt auch lang die Schlittenbahn.

Stellt im August sich Regen ein,
so regnet es Honig und Wein.

Kommt Laurentius daher,
wächst das Holz nicht mehr.

St. Lorenz kommt in finstrer Nacht
ganz sicher mit Sternschnuppenpracht.

Mariä Himmelfahrt Sonnenschein
bringt meist auch einen guten Wein.

Was der August nicht kocht,
kann der September nicht mehr braten.

DAS FRIEDENSFEST IN AUGSBURG

Das Augsburger Friedensfest erinnert an eine unselige Epoche deutscher Geschichte: an den Dreißigjährigen Krieg, der 1648 mit dem Westfälischen Frieden beendet wurde. Mit dem lang ersehnten Friedensschluss kam es auch zu einer gewissen Entspannung der konfessionellen Gegensätze, die ihren Ursprung in der Reformation des 16. Jahrhunderts hatten.
Gerade in Augsburg hinterließ die Reformation ihre Spuren. Im Jahre 1518 reiste Martin Luther nach Augsburg, um sich wegen seiner Thesen einem Verhör durch den päpstlichen Legaten Kardinal Cajetan zu unterziehen. Er sollte seine Thesen widerrufen, was er aber verweigerte. Der kritische Augustinermönch floh kurzerhand aus Augsburg.

Die Reformation konnte in vielen Landesteilen, vor allem in Städten, Fuß fassen. Die sich in den folgenden Jahren aufstauenden Spannungen zwischen Katholiken und Protestanten führten in den Jahren 1525/26 zu einem konfessionellen Bürgerkrieg, der mit einem Sieg der Opposition gegen Kaiser Karl V. endete. Um den Konflikt zu entschärfen, wurde 1530 ein Reichstag nach Augsburg einberufen. Dabei wurde Kaiser Karl V. das von Melanchthon verfasste Augsburger Bekenntnis – die »Confessio Augustana« – vorgelegt. Dieses wurde zu einem grundlegenden Glaubensdokument für die lutherischen Kirchen in der ganzen Welt.
Auf der Grundlage der Confessio Augustana kam es 1555 zum Augsburger Religionsfrieden, einem Vertrag zwischen Kaiser Ferdinand I. und den Reichsständen, d. h. den Kurfürsten, Fürsten und Städten. Dieses Dokument gewährte den Protestanten erstmals Religionsfreiheit und führte zur gegenseitigen Anerkennung protestantischer und katholischer Reichsstände.
Der Augsburger Religionsfrieden leitete aber nicht sogleich eine Epoche der Befriedung der Konfessionen ein. Es kam immer wieder zu Spannungen und Auseinandersetzungen. So wurde den Protestanten untersagt, in Kirchen ihre Gottesdienste zu feiern. Man versperrte ihnen die Wege und riss ihre Gotteshäuser ab. Von 1635 bis 1649 konnten evangelische Gottesdienste nur unter freiem Himmel gefeiert werden.
In Erinnerung an den Augsburger Religionsfrieden wurde 1650 ein Friedensfest gefeiert. Dabei gedachte die protestantische Bürgerschaft der Vertreibung evangeli-

Augsburg: Perlachturm und Rathaus von Elias Holl

St. Laurentius, um 1480,
Rothenburg o.T.

scher Geistlicher aus Augsburg im Jahre 1629 infolge des Restitutionsedikts durch Kaiser Ferdinand. Heute steht an diesem Gedenktag das friedliche Nebeneinander der Konfessionen im Vordergrund. Katholische Augsburger besuchen im ökumenischen Geist die Gottesdienste der protestantischen Mitbürger. Das Augsburger Friedensfest am 8. August, das seit 1950 ein staatlicher Feiertag ist, wird heute seinem Geist und Namen gerecht.

LAURENTIUS – HELFER GEGEN DIE UNGARN

Laurentius, auch als Lorenz bekannt, ist ein Märtyrer aus der Frühzeit des Christentums. Ihm war als Diakon die Verwaltung des Kirchenschatzes anvertraut. Als Kaiser Valerian davon erfuhr, forderte er von ihm die Herausgabe des kirchlichen Vermögens, was er verweigerte. Als Laurentius das ganze Geld an die Armen verteilte, erlitt er das Martyrium auf einem feurigen Rost. Kaiser Konstantin der Große ließ am Ort seiner Ermordung um 330 in Rom eine Kirche erbauen, die Basilika S. Lorenzo fuori le mura, die zu den Hauptkirchen der Ewigen Stadt zählt.

Die Verehrung des heiligen Laurentius lebte im Mittelalter auch in Bayern auf. Dazu trug besonders Kaiser Ottos I. Sieg über die Ungarn auf dem Lechfeld bei Augsburg am 10. August 955, dem Namensfest des Heiligen, bei. Kaiser Otto und Bischof Ulrich von Augsburg sahen in Laurentius den großen Helfer in der Entscheidungsschlacht. Zur Ehre des Heiligen entstanden im Mittelalter zahlreiche Kirchenbauten, z. B. die gotische Lorenzkirche in Nürnberg und die ehemalige Stiftskirche in Kempten.

Abbildungen zeigen Laurentius als jungen Diakon meist mit dem Rost, auf dem er der Legende nach den Tod gefunden haben soll. Die Sternschnuppen, die Perseiden, die vor allem in der Nacht vom 10. auf den 11. August vom Himmel fallen, bezeichnet der Volksmund als »Laurentiustränen«.

HEILKRÄUTER AM GROSSEN FRAUENTAG

Das älteste Marienfest

Wenn der Sommer seinen Höhepunkt erreicht und die Herbstblumen in Garten, Wiesen und Flur in vollster Pracht stehen, feiert die Kirche am 15. August das älteste und größte Marienfest: Mariä Himmelfahrt. Dieses Fest, im Volksmund auch »Großer Frauentag« genannt, geht in seinem Ursprung bis ins 5. Jahrhundert zurück und zeigt eindrucksvoll, wie lebendig die Marienfrömmigkeit besonders in

Bayern ist. Viele große und kleine Kirchen in Stadt und Land feiern an diesem Tag ihr Patrozinium, so die Klosterkirchen in Andechs, Dießen, Ettal und Rohr in Niederbayern und Wallfahrtskirchen von Birkenstein und Tuntenhausen. Das Thema der leiblichen Aufnahme Mariens in den Himmel hat in der Barockzeit große Künstler wie die Brüder Asam und Zimmermann zu Meisterwerken inspiriert.

Weihe der Kräuterbuschen

Nach alter Tradition werden am Fest Mariä Himmelfahrt heilkräftige Kräuter aus Wiese, Garten, Feld und Wald zur Weihe in die Kirche getragen. Dieser Brauch lässt sich bis ins 10. Jahrhundert zurückverfolgen.

Die gesammelten Kräuter werden zu einem Buschen zusammengebunden. Nicht fehlen sollten Tausendgüldenkraut, Wermut, Baldrian, Schafgarbe, Pfefferminze, Kamille und Holler, aber auch Gewürzpflanzen wie Dill und Pimpernelle. In die Mitte des Buschens kommt nach altem Brauch eine goldgelbe Königskerze, auch Wetterkerze oder Muttergotteskerze genannt.

Bei den Kräutern, die am »Wurzweihtag«, wie das Fest Mariä Himmelfahrt im Volksmund auch heißt, in die Kirche zur Weihe gebracht werden, handelt es sich um seit Jahrhunderten erprobte Heilpflanzen, die um diese Jahreszeit ihre vollste Wirkkraft erreichen. Darauf weist auch ein Kalender aus dem Kloster Tegernsee im späten Mittelalter hin, der empfiehlt, Kräuter und Wurzeln für die Apotheke um Mariä Himmelfahrt zu sammeln. Aus den Kräutern stellten die Klosterapotheken mancherlei Heilmittel, Säfte, Tees, Tinkturen und Salben her.

Ein geweihter Kräuterbuschen steht nach altem Volksglauben in hohem Ansehen, misst man ihm doch außerordentliche Heil- und Wirkkräfte bei. Daher werden die Kräuter nach der Weihe gut aufbewahrt und in großer Ehre gehalten. Sie kommen in den Herrgottswinkel in der Wohnstube, aber auch über die Türen, unters Dach und in den Stall und sogar in manches Auto. Früher warf die Bäuerin bei heraufziehendem Gewitter oder drohendem Unwetter einige Kräuter in das Herdfeuer. Zum Schutz vor Krankheiten im Stall mischte man ein paar Kräuter ins Viehfutter. In unserer aufgeklärten Zeit wird die Heil- und Segenswirkung von Kräutern, die seit Jahrhunderten in der Volks-

Prachtvoller Kräuterbuschen

heilkunde verwendet werden, wieder neu entdeckt. Viele empfahl bereits die heilige Hildegard von Bingen.

Der Frauendreißiger

Mit dem Fest Mariä Himmelfahrt beginnt der »Frauendreißiger«, der mit dem Fest Mariä Geburt (8. September), bisweilen auch mit dem Fest Mariä Namen (12. September) oder dem Fest Kreuzerhöhung (14. September), endet. Während dieser Tage hielt man früher die Natur für besonders freundlich gesinnt. Die in dieser Zeit gesammelten Kräuter galten als sehr heilkräftig.
Nach alter Tradition ist der Frauendreißiger in den Münchner Wallfahrtskirchen Maria Thalkirchen und Maria Ramersdorf eine Zeit besonderer Marienverehrung. Hier werden in diesen Tagen Andachten und Gottesdienste zu Ehren der Gottesmutter gefeiert. Im Frauendreißiger werden auch viele Marienwallfahrtsorte aufgesucht, an denen unsere Heimat so reich ist.

DIE »STUMME PROZESSION« VON VILGERTSHOFEN

Ein altes Kirchenfest – Ursprung in der Barockzeit

Mit Vilgertshofen – dem kleinen Ort im oberbayerischen Landkreis Landsberg am Lech – verbinden Kunstfreunde eine wunderschöne Wallfahrtskirche, geschaffen von den größten Meistern des süddeutschen Barocks. Aber Vilgertshofen hat noch mehr zu bieten: Jedes Jahr am Sonntag nach Mariä Himmelfahrt hat das stattliche Bauerndorf seinen großen Tag: Die Vilgertshofener zeigen in einer »Stummen Prozession« auf ihre Weise das Leiden und Sterben Jesu Christi.
Die »Stumme Prozession« geht auf eine feierliche Flurprozession in der Barockzeit zurück, aus der sich in der Mitte des 18. Jahrhunderts ein Umgang entwickelte, der, ähnlich den Passionsspielen, das Leiden Christi veranschaulichen sollte. Die »Stumme Prozession« vermittelt uns auch eine Vorstellung von den Karfreitagsumzügen und Fronleichnamsprozessionen des 18. Jahrhunderts. Wie die Passionsspiele und Wallfahrten wurde in der Aufklärungszeit auch die »Stumme Prozession« von staatlicher Seite verboten. Im Jahre 1874 haben die Vilgertshofener nach einer mehrjährigen Unterbrechung die alte Tradition wieder neu belebt und die Prozession so umgestaltet, wie sie heute noch durchgeführt wird.

Schweigender Umzug

Nach dem Gottesdienst bewegt sich, begleitet von einer Blaskapelle und dem Kirchenchor, ein langer, schweigender Zug durch die Straßen und Fluren der Ortschaft. Der Umgang ist einmalig in Bayern und im ganzen deutschen Sprachraum. Im Gegensatz zu den Passionsspielen von Oberammergau oder Erl in Tirol sind hier keine Proben und keine Rollenverteilungen erforderlich. Die meisten Darsteller, alles Leute aus dem Dorf, machen schon seit Jahrzehnten bei diesem religiösen Schauspiel mit und haben ihre Rolle von den Vorfahren ererbt. Die Kleider sind schon gut 100 Jahre alt und wurden seitdem nicht verändert, nur, wenn nötig, nach altem Vorbild erneuert.

Szenen aus der Bibel

Im Mittelpunkt der Prozession: Der Kreuzweg Christi

In ihrer »Stummen Prozession« stellen die Vilgertshofener Szenen aus dem Alten und dem Neuen Testament dar. Die Teilnehmer, Kinder und Erwachsene, erinnern dabei in ihren langen Gewändern an verschiedene biblische Gestalten. Dem Zug voraus gehen die Kinder mit den Leidenswerkzeugen, gefolgt von biblischen Personen, z. B. Josef, König David, Moses und Abraham. Den Mittelpunkt der eindrucksvollen Prozession mit Muttergottesstatuen und Fahnen bildet die Kreuzigungsgruppe mit Christus und den Folterknechten, mit Pilatus, Herodes und den Hohenpriestern, mit Maria und Johannes. Am Schluss kommen die Ministranten und der Geistliche mit dem Allerheiligsten unter dem Traghimmel sowie Mitglieder jener Bruderschaft, die im Jahre 1708 die Prozession ins Leben gerufen hat.

Weltliche Freuden

Wie schon zur Barockzeit hat die »Stumme Prozession« von Vilgertshofen auch heute ein recht weltliches Gesicht: Der Umgang ist nämlich stets mit einem Jahrmarkt und Wirtschaftsbetrieb verbunden. Diese und andere Begleiterscheinungen wurden von bischöflicher Seite immer wieder gerügt. Das konnte die Vilgertshofener aber nicht beirren, an der Tradition ihrer »Stummen Prozession« und den dazu gehörigen weltlichen Freuden festzuhalten.

SEPTEMBER

September. Monatszyklus von Stephan Kessler (1672), ehemaliges Kloster Benediktbeuern

Im alten römischen Kalender war der September der siebte Monat. In diesen Tagen sind die Nächte schon feucht und frisch, am Morgen glitzern an Bäumen und Sträuchern Spinnweben. Anfang des Monats geht der Almsommer zu Ende, Sennerinnen und Senner rüsten zum Almabtrieb, im Allgäu zum Viehscheid.

In vielen Orten werden Erntedankfeste gefeiert, und großer Beliebtheit erfreuen sich alljährlich traditionelle Märkte und Dulten. Ein Höhepunkt in diesem Monat ist das Münchner Oktoberfest.

Namenstage

6. September: *Magnus*
12. September: *Maria*
13. September: *Notburga*
18. September: *Lantbert*
22. September: *Emmeram*
24. September: *Rupert*

Bauern- und Wetterregeln

Durch des Septembers heitern Blick
schaut nochmals der Mai zurück.

Donnert's im September noch,
wird der Schnee um Weihnacht hoch.

Wenn im September viel Spinnen kriechen,
sie einen harten Winter riechen

An Mariä Namen
sagt der Sommer Amen.

St. Kosmas und St. Damian
(25. September)
fängt das Laub zu färben an.

Fällt im September Schnee in der Alp,
kommt der Winter nicht so bald.

SCHULTÜTEN FÜR DIE ABC-SCHÜTZEN

Zum Schulanfang

Anfang September beginnt auch in den bayerischen Schulen wieder der Unterricht. Am ersten Schultag machen sich alle ABC-Schützen, bewaffnet mit riesigen Schultüten, auf den Schulweg. Das ist heute fester Brauch in Stadt und Land. Dabei handelt es sich aber keineswegs um eine alte Tradition.

Bereits in der Antike gab es den Brauch, Schulanfängern den Eintritt in die Schule mit einem Geschenk zu versüßen. Man kennt einen derartigen Brauch bereits im alten Rom, wo Lehrer die Schulneulinge mit Honigplätzchen für die Schule zu begeistern versuchten. Im Mittelalter beschenkte man die Schulanfänger mit Brezeln, Lebkuchen und anderem Backwerk.

Geschenke an Zuckertütenbaum

Von diesem Brauch lässt sich eine Brücke zu unserer Schultüte schlagen, deren Anfänge freilich nicht in Bayern, sondern in Mitteldeutschland liegen. Dort war es zur Goethezeit üblich, dass die Paten älterer Geschwister zum Taufessen eines Neugeborenen ihren Patenkindern eine große Zuckertüte mitbrachten. Dieser Brauch wurde vor allem in Schlesien und Sachsen gepflegt. Darauf weisen die »Weimarischen wöchentlichen Anzeigen« aus dem Jahre 1765 hin. Aus aufklärerischer Sicht wurde dieses Mitbringsel als unnötig kritisiert, auch von der Weimarer Zeitung.
In veränderter Form lebte der beliebte Schenkebrauch zu Beginn des 19. Jahrhunderts wieder auf. Damals bürgerte es sich in Schlesien, Thüringen und Hessen ein, dass die Eltern den Schulanfang mit einer Tüte voller Leckereien zu versüßen versuchten. Deshalb übergaben sie dem Lehrer am Tag vor dem Schulbeginn eine kleine Tüte mit Naschwerk, die er den Kindern am ersten Schultag überreichte. In Sachsen und Thüringen erzählte man den Kindern überdies, die Tüten seien an einem »Zuckertütenbaum« gewachsen. Zum sichtbaren Beweis stellte man ein Bäumchen voller Schultüten ins Klassenzimmer.
Der Brauch aus Mitteldeutschland fand im letzten Jahrhundert vor allem in außerbayerischen Regionen und da besonders in Städten mehr und mehr Nachahmung. In Bayern tauchten die ersten Schultüten erst in den 20er Jahren des letzten Jahrhunderts auf, ein Brauch, der auf dem Land als »preußisch« abgelehnt wurde, zumal er ja aus dem protestantischen Raum kam. So wurden in Bayern Kinder mit Schultüten vor dem Zweiten Weltkrieg noch recht kritisch beäugt. Man konnte mit den langen Papiertüten nichts anfangen. Im Dritten Reich wurde der Brauch als Beitrag zur schulischen Bildung gefördert. Mit einer »Einheitsschultüte« sollten soziale Unterschiede verdeckt werden.

Erster Schultag

Der Siegeszug der Schultüte

Ihren Siegeszug trat die Schultüte bei uns erst nach dem Zweiten Weltkrieg an. Der neue Brauch aus dem Norden und Osten Deutschlands setzte sich nun auch allmählich in bayerischen Gefilden durch. Diese Entwicklung wurde durch den Zuzug von Heimatvertriebenen aus Mitteldeutschland gefördert, die den Brauch aus ihrer alten Heimat kannten. Nun verbreitete er sich schnell von den Städten auch aufs Land. Heute gehören die mit Süßigkeiten, Stiften und Spielsachen meist viel zu reichlich gefüllten Tüten zum festen Ritual des Schulanfangs.

MAGNUS – GLAUBENSBOTE IM ALLGÄU

Magnus zählt zu den Glaubensboten, die im 8. Jahrhundert in unserer Heimat den Grundstein für die Christianisierung legten. Er wurde um 700 in der Nähe des heutigen Klosters St. Gallen geboren und lebte viele Jahre als Einsiedler in einer Klause am Grab des heiligen Gallus, wo ab 720 das große Benediktinerkloster St. Gallen entstand. Von dort brach er auf, um mit zwei Gefährten im Ostallgäu und in der Gegend von Füssen den christlichen Glauben zu verkünden.

St. Magnus, Patron der Brauer

Magnus kam auch in die Gegend von Kempten, die wegen gefährlicher Schlangen unbewohnt war. Ohne Furcht bekämpfte er die gefürchteten Tiere, Kreuz und Wanderstab von Gallus verhalfen ihm zum Sieg. Nun konnte hier eine erste christliche Gemeinde entstehen. Als Magnus weiter in die Gegend um Füssen zog, musste er zuerst gegen Dämonen kämpfen. Dann ließ er sich hier nieder und errichtete eine Mönchszelle, aus der durch die Förderung von König Pippin dem Jüngeren das spätere Benediktinerkloster hervorging. Fast 30 Jahre wirkte er nun im alemannisch-schwäbischen Raum mit seinen Mitarbeitern, wurde zum Priester geweiht und wirkte sogar Wunder. Mit 73 Jahren starb St. Mang, wie er im Allgäu heißt, in seiner Zelle.

Über dem Grab des »Apostels des Allgäus« wurde hoch über der Stadt Füssen die Benediktinerkirche St. Mang errichtet. Seine Gebeine sind seit den Ungarneinfällen verschollen. Der Heilige ist der Stadtpatron von Füssen und Kempten und wird auch als Viehpatron verehrt. In Füssen findet alljährlich ein Mang-Fest mit Lichterprozession statt. Im Allgäu reiht man den Heiligen sogar in den Kreis der vierzehn Nothelfer ein. Abbildungen zeigen St. Mang mit dem Kreuzstab, mit dem er Drachen und wilde Tiere bekämpft.

DER ALMSOMMER IS UMMA

Hartes Leben auf der Alm

Im September, wenn die Tage kürzer und die Nächte länger und kälter werden, ist auf den Almen in den Bergen Aufbruchstimmung. Der Almsommer geht allmählich zu Ende. Sennerin und Senn rüsten zum Aufbruch von der Alm, auf der sie seit Juni den Sommer verbracht haben. Der Termin für den Almabtrieb ist regional unterschiedlich und auch vom Wetter abhängig. Gewöhnlich beginnt er in den ersten Septembertagen, um Michaeli am 30. September ist er meist überall zu Ende.

Das Almleben, das jedes Jahr im Frühsommer, kurz nach Pfingsten, beginnt, war zu keiner Zeit so romantisch und verlockend, wie es in vielen Liedern besungen wurde. Es ist eine sehr schwere Arbeit, die Sennerin und Senn bei ihrem Aufenthalt auf einer Alm oder Alpe meist ganz allein zu leisten haben. Hinzu kommt noch die große Verantwortung, die sie für das Vieh während der Sommermonate übernehmen.

Aufkranzen beim Almabtrieb

Wenn der Almsommer glücklich verlaufen und keinem Tier etwas zugestoßen ist und die Familie des Bauern von keinem Unglück heimgesucht wurde, ist der Almabtrieb ein Anlass zur Freude und Dankbarkeit. Dann wird das Vieh zum Abtrieb

nach altem Brauch »aufkranzt«. Da werden die Tiere mit Kränzen aus Tannenzweigen und Almblumen prächtig geschmückt. In den bayerischen und den Salzburger Bergen erhalten meist alle Tiere von der Sennerin einen Kopfschmuck; anders ist es im Allgäu: Dort schmückt der Senn nur die Leitkuh.

Bild links: Almabtrieb in Bayrischzell

Bild rechts: Kopfschmuck im Berchtesgadener Land

Besonders aufwendig ist der Schmuck der Rinder im Berchtesgadener Land. Das Hauptstück des Kranzzeuges ist hier die sogenannte »Fuikl«. Das ist ein Fichtenwipfel, dessen Zweige zu einer zwei- oder dreistöckigen Krone hochgebunden und mit Bergblumen, Papierrosetten und -bändern, mit eingefärbten Holzspänen, sogenannten »Gschabertbandeln«, und mit mancherlei Flitterzeug verziert werden. Dabei entstehen kleine und große Kunstwerke, die später über der Stalltür befestigt werden.

Kopfschmuck zur Dämonenabwehr

Zum Schmuck gehören auch die Glocken, die an einem breiten, federkielbestickten Lederriemen am Hals der schönsten Tiere hängen. Das können große schwere Glocken oder die sogenannten »Singerinnen« sein, die die Form von kleinen Kirchenglocken haben und auch vom Metall her besonders wertvoll sind.

Die Glocken, die zur Idylle auf den Almweiden beitragen, sind für die Rinder im bergigen Gelände von großer Bedeutung. Sie helfen, sie im Gelände aufzufinden, wenn sie sich verlaufen oder verletzt haben. So können sie leichter aufgespürt werden. Nach altem Volksglauben sollen beim Abtrieb von der Alm mit den Glocken böse Dämonen abgewehrt werden, die die Tiere auf ihrem Weg ins Tal bedrohen. Eine ähnliche Funktion erfüllten früher auch Kopflarven aus Leinen, die dem Vieh vor dem Abtrieb übergestülpt wurden.

Ein Almabtrieb muss lange geplant und vorbereitet sein. Deshalb beteiligen sich daran meist die ganze Familie des Bauern und viele Helfer. Sie alle kommen auf die Alm und unterstützen die Sennerin beim Schmücken des Viehs mit dem schon lange vorbereiteten Kranzzeug.

Abschied von der Alm

Wenn endlich alles für den Abtrieb vorbereitet und die Almhütte, im Berchtesgadener Land »Kaser« genannt, winterfest gemacht ist, wird das Vieh zum letzten Mal aus dem Stall getrieben. Nun geht's hinunter ins Tal. Voraus geht die Leitkuh mit einem ganz besonders schönen Kopfputz, gefolgt von den anderen Tieren. Im Dorf unten angekommen, wird die Almerin von vielen Zuschauern erwartet. Nicht ohne Stolz führt sie das Vieh, das sie wieder heil zurückbringen konnte, in den heimatlichen Stall.

Einer der malerischsten Almabtriebe in Oberbayern ist der des Graflbauern von der Fischunkelalm am Obersee im Berchtesgadener Land. Hier wird das Vieh auf zwei miteinander verbundene Flachboote geladen und dann langsam über den ganzen Königssee gerudert.

Viehscheid im Allgäu

Im Allgäu sagt man zum Almabtrieb »Viehscheid«. Hier sind einem Senn – eine Sennerin ist eine Seltenheit – auf einer Genossenschaftsalpe gewöhnlich die Tiere von mehreren Bauern anvertraut. Kommt er mit ihnen im Tal unten an, werden die Tiere getrennt und den Besitzern wieder übergeben.

Auf den Oberstdorfer Alpen werden zum heimischen Vieh auch viele Tiere aus dem Unterland, also aus der Gegend um Kempten, Memmingen und Wangen, geweidet. Kommt der Senn unten an, wechselt so manches Stück Vieh noch am Scheidplatz seinen Besitzer, denn Tiere, die in der »Sommerfrische« auf der Alp waren, sind besonders gesund und daher sehr begehrt.

Spektakel für Touristen

Almabtriebe sind überall, wo sie noch in der herkömmlichen Form stattfinden, ein Anlass zur Freude. Leider wird daraus an vielen Orten ein Spektakel für die vielen Schaulustigen, mit unerfreulichen Begleiterscheinungen. In nicht wenigen Orten werden sie zu willkommenen Veranstaltungen für die Touristen. So wird der Abtrieb mancherorts sogar mehrmals »durchgeführt«, und die Tiere werden nach ihrer Ankunft im Tal wieder mit dem Traktor auf die Alm zurückgebracht, um einen weiteren Abtrieb zu »inszenieren«. Da ist es nicht verwunderlich, dass mancher Bauer auf den ganzen Aufwand verzichtet und die Tiere ganz unromantisch mithilfe des Traktors und großer Wagen ins Tal zurückbringt.

200 JAHRE MÜNCHNER OKTOBERFEST

Eine königliche Hochzeit

Volksfeste gibt es in Bayern viele, in allen Regionen, denken wir nur an die Erlanger Bergkirchweih und das Straubinger Gäubodenfest. Die Größte von all diesen Festivitäten ist das Münchner Oktoberfest, und das schon seit 200 Jahren. Angefangen hat alles mit einer ganz besonderen Hochzeit: mit der Vermählung des bayerischen Kronprinzen Ludwig, des späteren Königs Ludwig I., und der Prinzessin Therese von Sachsen-Hildburghausen. Dem feierlichen Akt gingen intensive Verhandlungen voraus, denn die 18-jährige Prinzessin war schon mit dem Erbprinzen Georg von Mecklenburg-Strelitz verlobt. Auf Drängen von Ludwig musste diese Verbindung gelöst werden. Ein weiteres Hindernis war die Religionsverschiedenheit des Brautpaares: Therese war evangelisch und nicht zu einem Religionswechsel bereit. Zudem hielt sich Ludwigs Begeisterung für seine Braut in Grenzen, äußerte er sich doch nicht gerade charmant über seine bevorstehende Hochzeit: »Keine bessere Frau würde ich mir wünschen, aber leidenschaftslos vereheliche ich mich, es mag vorteilhafter sein für die Zukunft.« Vor diesem Hintergrund sind vielleicht auch seine zahlreichen Liebschaften mit diversen Damen zu sehen. Trotz

Festzug zur Eröffnung des Oktoberfestes, im Hintergrund Theatinerkirche

dieser Schwierigkeiten kam es schließlich zur Hochzeit, und zwar am Namenstag von Ludwigs Vater Max I. Joseph, am 12. Oktober 1810.
Das königliche Hochzeitsfest wurde überaus prachtvoll und aufwendig gefeiert und dauerte fünf Tage. Es sollte eine Ovation an das bayerische Herrscherhaus des jungen Königreiches sein und den Charakter eines »Nationalfestes« erhalten, in dem nach der staatlichen Neugliederung die neue Einheit der Stämme Altbayern, Schwaben, Franken und Pfalz demonstriert werden sollte. Die Volksmassen wurden großzügig verköstigt und 32 000 Maß Bier und 8000 Liter Wein kamen zum Ausschank.

Ein Pferderennen

Der Höhepunkt der Festivitäten sollte am 17. Oktober ein Pferderennen sein, eine Idee des Münchner Lohnkutschers und Unteroffiziers Franz Baumgartner, die sein Vorgesetzter, der Major der Nationalgarde Andreas Dall'Armi, König Max I. Joseph vortrug, der sich für diesen Vorschlag begeistern konnte. Abgehalten wurde das Rennen auf einer großen Wiese bei der Schwanthalerhöh, vor den Toren der Residenzstadt, auf der späteren Theresienwiese. Bei diesem Volksfest wurde noch kein Bier ausgeschenkt. Das gab's erst im Jahre 1818, als der Praterwirt die Erlaubnis erhielt, nicht nur Bier auszuschenken und Speisen anzubieten, sondern auch ein »Carusell« zu betreiben.
Die Teilnehmer am Pferderennen mussten mehrmals um die Wiese reiten, und zwar ohne Sattel und Bügel. Kronprinz Ludwig hielt auch eine Rede und endete mit dem Satz: »Volksfeste freuen mich besonders. Sie sprechen den Nationalcharakter aus.«
Bei aller Euphorie soll nicht unerwähnt bleiben, dass das junge Königreich damals politisch in einer schwierigen Lage war. König Max zog mit seinen Regimentern von einem Feldzug in den nächsten. Bayerische Truppen kämpften an der Seite Napoleons gegen Preußen, Österreich, Russland und Frankreich – eigentlich nicht der ideale Rahmen für ein solch patriotisches Fest.

Besucher aus aller Welt

Da das Volksfest bei den Münchnern und auch beim Landvolk einen überaus großen Anklang fand, wurde die alljährliche Wiederholung durch königlichen Erlass zugestanden. Nach einer bewegten Geschichte über die Jahrhunderte erfreut sich das Oktoberfest bis heute ungebrochener Beliebtheit, die Besucherzahlen und der Bier- und Hendlkonsum übertreffen jedes Mal die Vorjahreswerte.
Feierlich eröffnet wird das Oktoberfest, das mit Rücksicht auf die Witterung bereits Mitte September beginnt, durch den Einzug der Wiesnwirte und Kellnerinnen sowie des Stadtrates, angeführt von den prächtigen Gespannen der Brauereien. Nach einer im Jahre 1950 von dem beliebten Oberbürgermeister Thomas Wimmer begründeten Tradition zapft der jeweilige OB im Schottenhamelzelt den ersten Bierbanzen an. Die erste Maß reicht er, so ist es Brauch, dem bayerischen Ministerpräsidenten. Nun wird das süffige hochprozentige Wiesnbier auch an die Besuchermassen aus aller Welt ausgeschenkt, die die riesigen Zelte bis auf den letzten Platz füllen, und das 16 Tage lang.

OKTOBER

Der Oktober, im römischen Kalender der achte Monat, ist im Jahreslauf der Zehnte. Er steht im Zeichen der Ernte auf Feldern, in Gärten und Weinbergen. Der Altweibersommer verwöhnt mit milden Sonnenstrahlen und trägt zur Beliebtheit dieses Monats bei.
Am ersten Sonntag im Oktober wird in den Kirchen das Erntedankfest gefeiert. Ihm folgt am dritten Sonntag das beliebte Kirchweihfest.

Oktober. Monatssyklus von Stephan Kessler (1672), ehemaliges Kloster Benediktbeuern

Bauern- und Wetterregeln

Oktober-Sonnenschein
schüttet Zucker in den Wein.

Oktoberhimmel voller Sterne
haben warme Öfen gerne.

Oktoberschnee
tut Pflanzen und Saaten weh.

An Ursula muss das Kraut herein,
sonst schneien Simon und Judas
(28. Oktober) drein.

St. Wolfgang Regen
verspricht ein Jahr voll Segen.

Späte Rosen im Garten
lassen den Winter noch warten.

Schneit's im Oktober gleich,
wird der Winter weich.

Namenstage

4. Oktober: *Franz von Assisi*
12. Oktober: *Maximilian*
13. Oktober: *Koloman*
15. Oktober: *Hedwig*
16. Oktober: *Gallus*
21. Oktober: *Ursula*
31. Oktober: *Wolfgang*

DANK FÜR EINE GUTE ERNTE

Tradition der Erntedankfeste

Das Erntedankfest hat seinen Ursprung in der bäuerlichen Welt, in der man immer wieder schmerzhaft erfährt, dass eine gute Ernte keine Selbstverständlichkeit ist. Gutes Wachstum hängt nicht nur von der Bearbeitung und Düngung des Bodens, sondern vor allem von der Witterung ab, eine Erfahrung, die Bauern und Winzer gerade in Zeiten des Klimawandels machen müssen. Erntedankfeste gab es bereits in vorchristlicher Zeit, in deren Mittelpunkt der Dank an die Götter sowie an Feld-

und Fruchtbarkeitsgeister stand, der in allerlei Opfergaben seinen Ausdruck fand. Eine große symbolische Bedeutung hatte stets die erste und die letzte Erntegarbe. Die Griechen brachten der Getreidegöttin Demeter, die Römer der Göttin Ceres zur Erntezeit Opfer dar. Im Christentum ist ein Erntedankfest seit dem 3. Jahrhundert belegt. In der katholischen Kirche wird es seit 1972 am ersten Sonntag im Oktober gefeiert, in evangelischen Gemeinden ist der Michaelitag (29. September) oder einer der benachbarten Sonntage der Tag des Dankes.

Nach einer alten Tradition wird der Dank für eine gute Ernte symbolisch in vielfältiger, regional unterschiedlicher Form ausgedrückt. So werden an diesem Fest in vielen Kirchen Früchte aus Feld und Garten zusammen mit den schönsten Blumen des Herbstes vor den Altar gelegt. Dankbarkeit wollen auch Speisen wie Brot, Butter und Schinken sowie Weintrauben und ein Krug mit Wein veranschaulichen. In vielen Orten werden Erntekronen und Erntekränze gebunden, die man in einer feierlichen Prozession durch den Ort trägt. Zum Erntedankgottesdienst nahm früher mancher Bauer Saatkörner mit, damit sie gesegnet werden.
Das Erntedankfest hat gerade in unserer heutigen Wohlstandsgesellschaft eine neue Aktualität gewonnen. Es erinnert daran, dass das tägliche Brot keine Selbstverständlichkeit ist. Auf dem Lande, wo die Kinder früher erleben konnten, mit wie viel Mühen das Getreide ausgesät, geerntet, gedroschen und gemahlen und das Mehl im eigenen Backhäusl verbacken wurde, brachte man dem Brot immer höchste Achtung entgegen. Es galt als Gottesgabe und wurde hoch geschätzt. Und deshalb wurde vor dem Anschneiden eines neuen Laibes oder Wecken die Unterseite stets mit dem Messer bekreuzigt. Brot galt als Kostbarkeit und kam fast zu jeder Mahlzeit auf den Tisch. Auf keinen Fall durfte etwas verderben. Brot wegzuwerfen, galt geradezu als Sünde. Hart gewordenes und altes Brot wurde in die Suppe oder in Milch eingebrockt.

Achtung vor dem Brot

Bild oben: Erntedankaltar mit vielen Früchten

DAS ARNTFEST IN KÖßLARN

Traditionelle Prozession

Im fruchtbaren Rottal, in der Nähe des niederbayerischen Bäderdreiecks, liegt inmitten einer landschaftlich reizvollen Hügellandschaft die Marktgemeinde Kößlarn. Die zahlreichen Gast- und Bürgerhäuser umschließen den weiträumigen Marktplatz. Überragt werden die schmucken, in kräftigen Farben gehaltenen Häu-

Als Erntehelfer verkleidete Kinder

ser von der Pfarrkirche mit ihrem 50 Meter hohen Kuppelturm. Sie war im späten Mittelalter das Ziel zahlreicher Wallfahrten. Durch Reformation und Dreißigjährigen Krieg kam die Kößlarner Wallfahrt im 16./17. Jahrhundert fast zum Erliegen und blühte erst in der Barockzeit dank der starken Förderung durch das nahe Zisterzienserkloster Aldersbach wieder auf. Um den katholischen Glauben zu festigen und auch sinnlich den Menschen nahezubringen, führten die Mönche bei der Feier des Erntedankfestes eine Prozession durch. Und dieser Tradition ist der Ort trotz einiger Unterbrechungen bis heute treu geblieben.

Barocke Ausgestaltung

Das Kößlarner Arntfest, das immer am zweiten Septembersonntag gefeiert wird, beginnt mit einem Gottesdienst in der Pfarrkirche, an den sich eine große Prozession durch den festlich geschmückten Marktflecken anschließt. Angeführt wird die Prozession von einem Fahnen- und Kreuzträger, gefolgt von vielen Kindern und Jugendlichen, gekleidet in farbenfrohe Gewänder und Kostüme alter Gewerbe und Zünfte. Mehrere Gruppen erinnern daran, wie früher die Ernte eingebracht wurde mit Sensen, Sicheln, Holzgabeln und -rechen und Dreschflegeln. Dazu

gehört sogar ein Modell einer rauchenden Dampfdreschmaschine aus den 30er-Jahren des letzten Jahrhunderts. Eine große Erntekrone symbolisiert den Dank für das tägliche Brot.
Dass zum ländlichen Leben früher auch das heimische Gewerbe und Handwerk gehörten, demonstrieren viele Kindergruppen, verkleidet als Bäcker, Metzger, Fischer, Holzfäller, Imker, Brauer, Seiler und Jäger. Ein besonderer Blickfang sind Teilnehmer, die in großen Holztragen und -steigen lebende Hühner, Gänse, Enten, Hasen, Tauben und Ferkel mit sich führen.
Eine Erinnerung an frühere Zeiten sind auch Schnitterinnen, Erntehelferinnen und Köchinnen in historischen Gewändern und in der traditionellen Rottaler Tracht. Eine besondere Augenweide sind die Bäuerinnen in ihren schwarzen Kopftüchern, den »Schwaiberln«, und kostbaren Goldhauben. So wird die Prozession beim Kößlarner Arntfest zu einem eindrucksvollen Dank und zu einer Erinnerung an Zeiten, als die Erntearbeiten noch sehr mühsam waren.

KOLOMAN – VIEHPATRON IM ALLGÄU

Tod in der Fremde

Koloman war ein irischer Pilger, der 1012 auf seiner Reise ins Heilige Land nach Stockerau bei Wien kam. Da man ihn wegen seiner fremden Sprache und ungewohnten Kleidung für einen böhmischen oder ungarischen Spion hielt, wurde er gefoltert und an einem Baum aufgehängt, an dem sein Leichnam der Legende nach noch ein Jahr lang unverwest hing. Als ein Jäger seinen Tod feststellen wollte und ihm einen Spieß in die Seite stach, soll Blut herausgeflossen sein. Schließlich wurde Koloman vom Baum abgenommen und vom Babenberger Markgrafen Heinrich II. in seine Residenz beim Kloster Melk überführt, wo er am 13. Oktober 1014 feierlich bestattet wurde.
Obwohl nie offiziell heiliggesprochen, verbreitete sich der Kult von Koloman von Melk aus in ganz Österreich und Ungarn und auch in Bayern. Der irische Mönch wurde zum Patron der Reisenden und des Viehs und Hauspatron des Klosters Melk. In Österreich tragen viele Kirchen und auch der Ort St. Koloman bei Salzburg seinen Namen.
Abbildungen zeigen Koloman als Pilger mit Hut, Stab und Flasche sowie mit einem Strick, ein Hinweis auf sein Patronat für das Vieh und besonders die Pferde.

Eindrucksvolle Kolomansritte

Seit Jahrhunderten werden zu Ehren des Pferdeheiligen Koloman im Voralpenland an seinem Namensfest Pferdeumritte und -segnungen abgehalten. Kolomansritte finden alljährlich in Taching bei Waging im Traunsteiner Land und in Höchstätt am Westufer des Chiemsees statt. Besonders beeindruckend ist der Umritt in Schwangau bei Füssen im Allgäu. In der Pestzeit des 14. Jahrhunderts entstand hier eine Kolomanskirche bei einem Pestfriedhof.
Am Kolomansritt in Schwangau, der nach alter Tradition am zweiten Oktobersonntag stattfindet, nehmen alljährlich bis zu 200 Pferde mit ihren Reitern teil.

Vom Marktplatz formiert sich der traditionelle Ritt zur nahen Kirche St. Koloman, einem besonderen Kleinod im Pfaffenwinkel mit Blick auf die Königsschlösser. Bei günstiger Witterung wird vor der malerisch gelegenen kleinen Kirche ein Gottesdienst gefeiert. Beim anschließenden dreimaligen Umritt erhalten Ross und Reiter den kirchlichen Segen. Der Kolomansritt ist ein Hochfest im Allgäuer Brauchtumsjahr, geprägt von einer tiefen Frömmigkeit.

Bild unten links: St. Koloman in Pilgertracht, Weipertshausen/ Münsing

Bild unten rechts: Wallfahrtskirche St. Koloman bei Schwangau

KIRCHWEIH – BELIEBTES FEST IM HERBST

Die Allerweltskirchweih

Das Kirchweihfest ist bereits im 4. Jahrhundert in Jerusalem und im 5. Jahrhundert in Rom nachweisbar und erinnert an den Weihetag der Kirche. Über Jahrhunderte wurden bei uns der Weihetag der Weihe der Kirche und der Gedenktag des Patrons im Jahr gefeiert. Da dieses Fest aber meist mit ausuferndem Essen und Trinken und Lustbarkeiten verbunden war, erregte es im 19. Jahrhundert viel Anstoß. Von staatlicher Seite wurden deshalb 1868 alle Kirchweihfeste im Land

auf einen festen, einheitlichen Termin gelegt, der aber von der Bevölkerung lange Zeit abgelehnt wurde. Die »Allerweltskirchweih« trat an die Stelle der zahllosen Kirchweihen. Vorher hatte jedes Dorf seine eigene Kirchweih zu unterschiedlichen Terminen, was auf Kosten von vielen Arbeitstagen ging, da immer mindestens zwei Tage, manchmal auch länger gefeiert wurde, ganz nach der Regel:

»A richtiger Kirta
dauert bis zum Irta (Dienstag).
Wenn se's tuat schicka,
aa bis zum Migga (Mittwoch).«

Bild links: Kirchweihfahne, Jachenau bei Bad Tölz

Bild rechts: Große Begeisterung auf der Kirtahutschn, Gelting

Neben dem allgemeinen Kirchweihfest (»Allerweltskirchweih«), das in Altbayern auch Kirta oder Kirwa und in Franken Kirwa heißt, wird heute in Stadt und Land auch das Patrozinium, das Fest des Namenspatrons der Kirche, als kleine Kirchweih gefeiert.
Angekündigt wird das bei Jung und Alt beliebte Kirchweihfest durch die rot-weiße Kirchweihfahne, die am Vortag aus dem Kirchturm gehängt wird. Im Volksmund heißt sie »Zachäus«, der bis zum II. Vatikanischen Konzil im Evangelium des Kirchweihsonntags genannt wurde.

Weltliche Freuden

Zur Zeit unserer Großeltern war Kirchweih auf dem Lande ein willkommener Anlass für ein Familientreffen. Für die Bewirtung der zahlreichen Verwandten, die sich auf dem Hof der Eltern und Freunde einfanden, musste schon Tage vorher

gesorgt werden. Da ging es vielen Gänsen und Enten an den Kragen, die für dieses Fest gemästet wurden. Was auf keinen Fall fehlen durfte, waren die Kirchweihnudeln, die Auszogenen oder Kü(a)chl, die in großen Mengen in heißem Fett gebacken wurden. Sie waren der Stolz einer jeden Bäuerin.
Nach dem gemeinsamen Essen traf sich die Jugend in einer Scheune bei der Kirtahutschen. Das war ein dickes, breites Brett, auf dem sich die jungen Leute drängten. Auf jedem Ende des Brettes brachte ein Bursche die ganze Gesellschaft mächtig in Schwung. Für die Jugend war die Kirtahutschen ein beliebter Treffpunkt, der ideale Ort zum Kennenlernen, Verlieben und Anbandeln.
Wie früher kommen auch heute beim abendlichen Kirchweihtanz zu den Klängen einer Tanzlmusi alte Volkstänze und Figurentänze wieder zu Ehren. Ein Kirchweihtanz hat nichts von seiner Beliebtheit eingebüßt.
In Raisting am Ammersee, aber auch in anderen Orten in Oberbayern, gehört zum Kirchweihmontag der Betteltanz. Dafür müssen zwei Burschen, die »Ruatnbuam«, möglichst viele Tänzer und Tänzerinnen im Dorf zum Tanz animieren. Mittags geleiten sie alle Mädchen mit Musik und einer langen Rute in eine Wirtschaft, wo sie mit Burschen »verbandelt« werden, mit denen sie den Abend verbringen und – die Zeche bezahlen müssen.

WENN DER TOD TANZT

Der Tod als Tabu

Der heutige Mensch tut sich besonders schwer mit der anderen Seite unseres Lebens, mit dem Sterben. Er lebt stets mit der geradezu panischen Angst vor dem Tod, ganz im Gegensatz zum mittelalterlichen Menschen, der dem Unabänderlichen mit weniger Angst gegenüberstand, sah er doch im Tod das Tor in ein anderes, ein schöneres Leben, in das ewige Leben. Gefürchtet wurde lediglich der überraschende Tod, der den Menschen unvorbereitet trifft. Er lebte im Angesicht der »vier letzten Dinge«: Tod, Gericht, Himmel und Hölle.
Gefördert wurde die Angst vor dem Sterben durch die große Pest, die 1347 bis 1352 nach Europa eingeschleppt wurde und in den Städten über ein Drittel der Bevölkerung hinwegraffte, sowie die Ängste und Unsicherheit durch Kriege und Überfälle. Nicht ohne Einfluss war die seit dem 14. Jahrhundert allerorten kursierende Legende von den »Drei Toten und den drei Lebenden«, in der die Toten mahnen: »Was ihr seid, das waren wir, was wir sind, das werdet ihr sein.«

Der Tanz mit dem Sensenmann

Verstärkt wurden diese Ängste durch den mittelalterlichen Volksglauben, dass die Toten in der Nacht auf dem Friedhof zu einem Tanz zusammenkommen und die Lebenden in ihren Reigentanz einzubeziehen suchen. Der Tod, so der Glaube, erscheint meist im Sinnbild eines Schnitters, der Gras, Blumen oder Garben schneidet und an der Sanduhr auf die abgelaufene Lebenszeit zeigt. Oft tritt der ungebetene Gast auch in der Gestalt eines Spielmanns auf, ein Motiv, das schon in alten Texten anzutreffen ist.

Einen Niederschlag fanden im Spätmittelalter die weit verbreiteten Ängste in künstlerisch gestalteten Darstellungen von Totentänzen. Die Totentanzidee verbreitete sich von Frankreich in andere europäische Länder, vor allem nach Deutschland. So entstanden Totentanzdarstellungen in Lübeck, Berlin und Basel.
Die Kirche stand dem Totentanz kritisch gegenüber und sah in ihm keineswegs ein liturgisches Thema. Deshalb wurden Darstellungen nur in Friedhofskapellen, Karnern – den überdachten Beinhäusern – und Friedhofsmauern sowie an Außenmauern von Klöstern geduldet. Zur Verbreitung der Totentanzdarstellungen trugen im 16. Jahrhundert besonders auch die aufkommenden Drucke bei.

Totentanzdarstellungen in Bayern

Im 17. Jahrhundert entstanden im bayerischen Raum bedeutende Totentanzdarstellungen, die bis in unsere Zeit erhalten sind. Als der älteste Totentanz in Bayern gilt jener in Füssen im Allgäu, der im Jahre 1602 von Jacob Hiebeler geschaffen wurde. Das große Gemälde (5,16 Meter breit und 2,44 Meter hoch) entstand in der St.-Anna-Kapelle des ehemaligen Benediktinerklosters St. Mang.
Der Füssener Totentanz besteht aus 20 Einzeldarstellungen und stellt ein Spiegelbild der Gesellschaft des 17. Jahrhunderts dar. Es sind darin die wichtigsten Stände vertreten: Neben dem Papst und dem Augsburger Bischof, dem Abt des Stiftes und Pfarrer von Füssen steht der Kaiser als Verkörperung der weltlichen Macht. Dann folgen die bürgerlichen Berufe: Arzt, Kaufmann, Wirt, Bauer. Der Kaufmann ist als Symbol des Wohlstandes zu sehen. Eine zentrale Stellung nimmt neben der Hexe und dem Spieler der Wucherer ein, der sich auf Kosten der anderen bereichert und damit gegen die »gottgewollte Ordnung« verstößt. In der Hexe findet der weitverbreitete Hexenglaube seinen Niederschlag, dem allerorten vor allem Frauen zum Opfer fielen.
Die flächenmäßig größte Totentanzdarstellung befindet sich in der Straubinger Totenkapelle bei der Kirche St. Peter. Die zweischiffige Kapelle diente früher als Karner, in dem Totenschädel aufbewahrt wurden. Die Ausmalung der Kapelle erfolgte 1763 durch Felix Hölzl, der in den Raum zwischen den Fenstern einen an Figuren, Farben und Details überaus reichen Zyklus malte. Insgesamt sind es 44 Bilder, die noch sehr gut erhalten sind. Wie auch andere Maler stellte Hölzl in seinen Bildern die zeitgenössische Gesellschaft dar, der er den Spiegel vorhält. So schreibt er dem Landwirt ins Stammbuch:

Totentanz, Kloster St. Mang, um 1602

»Wie liebt mich das Glück, ich säete mit Schweis.
Doch welch eine reiche Ernte belohnt meinen Fleis.
Du schneidest nicht für Dich, du liegst schon auf der Erden.
So geht es allen Fleisch, das düer (dürr) wie Hei (Heu) mues werden.«

NOVEMBER

Der November war der Neunte im römischen Jahr. Er steht ganz im Zeichen des Totengedenkens: Allerheiligen, Allerseelen, Volkstrauertag und Totensonntag. Der November konfrontiert uns mit der Realität unseres Lebens.
Dass die frohen Stunden nicht zu kurz kommen, dafür sorgen in diesem Monat die Namensfeste beliebter Heiliger: St. Hubert, Leonhard und Martin. Der Kathreintag leitet schon hinüber in den Advent.

November. Monatssyklus von Stephan Kessler (1672), ehemaliges Kloster Benediktbeuern

Bauern- und Wetterregeln

Schnee am Allerheiligentag
gar nicht lange liegen mag.

Bringt Hubertus Schnee und Eis,
bleibt's den ganzen November weiß.

St. Martin kommt nach alter Sitte
gern auf einem Schimmel geritten.

St. Elisabeth zeigt an,
was der Winter für ein Mann.

Die heilige Cäcilie mit Dank
setzt sich gerne auf die Ofenbank.

Wie das Wetter um Kathrein
wird's den ganzen Winter sein.

Andreasschnee
bleibt hundert Tage liegen.

Namenstage

3. November: *Hubert*
6. November: *Leonhard*
11. November: *Martin*
19. November: *Elisabeth*
20. November: *Korbinian*
25. November: *Katharina*

GEDENKEN AM ALLERSEELENTAG

Mit dem Tod leben

Tod und Sterben gehören zu unserer Existenz. Diese Gedanken wurden früher nicht verdrängt, man lebte mit ihnen, immer mit dem Tod vor Augen. In christlicher Haltung sah man im Tod nicht das Ende, sondern das Tor zur ewigen Seligkeit.
Und doch hatten auch unsere Vorfahren Angst vor dem Tod, vor allem vor einem plötzlichen Weggang aus dieser Welt. Deshalb wurde in die täglichen Gebete immer wieder die Bitte eingefügt: »A subitanea et improvisa morte libera me, domine.« –

»Vor einem plötzlichen und unvorhergesehenen Tod erlöse uns, o Herr.« Wohl vorbereitet war nach der Überzeugung unserer Ahnen ein Mensch, wenn er die Sterbesakramente empfangen und sein irdisches Sach in Ordnung gebracht hat. Für einen solchen Tod wurde tagtäglich gebetet und wurden Wallfahrten gemacht. Als Sterbepatrone wurden der heilige Josef und Michael verehrt.

Ankündigungen des Todes

Um gut vorbereitet zu sein, achtete man genau auf Anzeichen, die als Hinweis für einen nahen Tod gedeutet werden konnten. Dabei war aber handfester Aberglaube unübersehbar, wie einige Beispiele belegen mögen. So galt es als Ankündigung eines Todes in der Familie,

- wenn die Krähen in dichten Scharen übers Haus flogen,
- wenn ein Bild oder ein Kreuz allein von der Wand flog,
- wenn die Wanduhr stehen blieb,
- wenn ein Hund andauernd bellte.

Wer in Ehren sterben wollte, regelte vor dem Tod auch seine persönlichen Dinge, vor allem seine Nachfolge. Nichts sollte dem Zufall überlassen bleiben, auch nicht das Begräbnis. Es wurde festgelegt, welcher Pfarrer den Verstorbenen bestatten und wie der Gottesdienst gestaltet werden sollte. In einem ausführlichen Protokoll wurde aufgeschrieben, in welcher Wirtschaft der Leichenschmaus sein sollte, wer eingeladen und was an Speisen gereicht werden sollte.

Bild unten: Nach altem Volksglauben …

Verbundenheit mit den Verstorbenen

Mehr als heute war man früher mit den Angehörigen auch nach dem Tod verbunden. So wurde jedes Jahr am Todestag ein Seelenamt, eine Jahresmesse gefeiert, so wie es auf dem Land noch heute weithin üblich ist. Um die Sündenschuld der Verstorbenen zu mindern, wurden Gebetsablässe gewonnen und jeden Tag wurde für sie gebetet. Ein ungeschriebenes Gesetz war es, über sie nie etwas Schlechtes zu reden: »Nihil de mortuis nisi bene.«

Nach altem Volksglauben bedürfen die »Armen Seelen«, also die Seelen der Verstorbenen, der Fürbitte der Angehörigen und der besonderen Zuwendung. Diese Hilfsbedürftigkeit findet ihren Ausdruck auch in vielen Allerseelenbräuchen. So war man überzeugt, dass am Allerseelentag und in der darauf folgenden »Seelwoche« die »Armen Seelen« auch körperlich dorthin zurückkehren, wo sie einst gelebt haben. Um ihre Bedürfnisse bei ihrem »Urlaub« befriedigen zu können, stellte man ihnen am Abend Essbares vor die Haustür, neben Milch vor allem »Seelenbrote«, »Seelenzöpfe« und »Seelenwecken«, die aus dunklem Roggenmehl gebacken wurden. Oft hatte das Allerseelengebäck die Form eines Zopfes, weil nach alter Vorstellung die Seele ihren Sitz in den Haaren hat. In der Rosenheimer Gegend tischte man den heimkehrenden Seelen noch im 19. Jahrhundert ein

Am Waldfriedhof

De tausend
und de tausend Leit
am Waldfriedhof
am Allerheiligntag:
in hundat Jahr
sans alle furt,
liegn selba stumm
da drin
im greana Hag.

Des blonde Büabal dort,
des gweihte Wassa
auf sein Opa sprengt,
is lang scho gstorm.

Vielleicht, wenn d'Sonna
wieda grad so blaß
am Himme hängt,
dass dann a Bua
wia er
am selbn Grabstoa
steht
und mitn Himmevadda
üban Opa redt
und spürt dann auf amoi
in hundat Jahr
am Allerheiligntag:
sei Herz
des hat von dem sein Herz
da drunt
den frischn Schlag.

Herbert Schneider

»Seelenmahl« mit »Seelennudeln« auf. Am nächsten Morgen waren die den »Armen Seelen« zugedachten Speisen verschwunden. Es war nämlich das Recht

Liebevolle Gräberpflege

der Armen des Dorfes, die ausgelegten Gaben abzuholen. Aus der Almosengabe für die Armen erhoffte man sich Hilfe für die »Armen Seelen«.
Aus Verbundenheit mit den verstorbenen Angehörigen verlief der Allerheiligen- und Allerseelentag sehr ruhig. Um ihren Frieden nicht zu stören, vermied man geräuschvolle Arbeiten auf dem Hof, z. B. das Ausdreschen und Holzhacken. Mit Rücksicht auf die »Armen Seelen« gingen die Männer in diesen Tagen und in der Seelwoche nichts ins Wirtshaus und die Burschen nicht zu ihren Mädchen. Obligatorisch war an diesen Abenden der Seelenrosenkranz, der von der ganzen Familie in der Stube gebetet wurde.
Einen Seelenzopf bekamen früher auf Allerheiligen auch die Patenkinder von ihren Tauf- und Firmpaten. Dieses Hefegebäck von der Godn oder vom Göd war bei den Kindern sehr beliebt.

LEONHARD – DER »BAYERISCHE HERRGOTT«

Der einfache Mönch

Der Überlieferung nach wurde Leonhard um das Jahr 500 in Frankreich geboren und von Remigius, dem Erzbischof von Reims, getauft, wo er auch die Domschule besuchte. Als junger Mann zog er sich in die Einsamkeit zurück und ließ sich als Einsiedler im heutigen St-Léonard-de-Noblat nahe der Stadt Limoges nieder.
Um Leonhards Leben ranken sich viele Legenden. So soll er der Königin, die auf der Jagd von Wehen überrascht wurde, bei der Geburt ihres Sohnes durch sein

Leonhardifahrt, Bad Tölz

Bild links: Leonhardifahrt, Kreuth bei Tegernsee

Bild rechts: Mädchen in Miesbacher Tracht bei Leonhardifahrt in Schliersee

Gebet beigestanden sein. Als der König ihn für diese Fürbitte reich beschenken wollte, lehnte er das ab und wollte nur ein Stück Wald haben – gerade so groß, dass er es in einer Nacht mit einem Esel umreiten könne. Mitten im Wald erbaute sich Leonhard dann ein Kloster, wo er mit zwei Mitbrüdern lebte und von vielen Ratsuchenden und Verzweifelten aufgesucht wurde.

Die Anfänge der Verehrung des heiligen Leonhard reichen bis ins 11. Jahrhundert zurück. Von Frankreich gelangte sie nach Deutschland, und schon im 12. Jahrhundert entwickelte sich das kleine Dorf Inchenhofen bei Aichach in Oberbayern zu einem Zentrum der Leonhardi-Verehrung. Dies war vor allem das Verdienst der Zisterziensermönche aus dem nahen Fürstenfeld, zu dem das Priorat in Inchenhofen gehörte. Bereits 1343 erschien hier das erste Mirakelbuch, in dem Gebetserhörungen festgehalten wurden. Im späten Mittelalter soll Inchenhofen neben Jerusalem, Rom und Santiago de Compostela zeitweise der viertgrößte christliche Wallfahrtsort gewesen sein. In der barocken Pfarrkirche von Inchenhofen zeigt ein großes Deckenfresko aus der Barockzeit Szenen aus dem Leben des Heiligen.

Der Kettenheilige

Hoffnung auf den weisen Mann in der Klause im Wald setzten im Mittelalter Gefangene, für deren Freilassung er sich beim König einsetzte. So wurde er schon zu Lebzeiten zum Schutzpatron der Gefangenen.

Als im 16. Jahrhundert die Gefangenenkette als Viehkette umgedeutet und Leonhard zum Vieh- und Bauernheiligen erklärt wurde, brachten die Bauern in Sorge um ihr Vieh Unmengen von eisernen Ketten und Hufeisen als Votivgaben zu den Leonhardikirchen, wo man sie an den Innen- und Außenwänden aufhängte. Eine große Kette umspannt die niederbayerische Wallfahrtskirche Ganacker und die Leonhardikapelle auf dem Kalvarienberg in Bad Tölz. Leonhard ist der »Kettenheilige«, der als Patron des Viehs, besonders der Pferde und der Gefangenen verehrt wird. Darstellungen zeigen Leonhard als Mönch mit Abtstab und Kette, ein Hinweis auf sein Patronat der Gefangenen.

Leonhardifahrten

An vielen Orten in Bayern entstanden zu Ehren des Viehpatrons an seinem Namensfest Leonhardifahrten, z. B. in Bad Tölz, Benediktbeuern, Nußdorf im Inntal, Inchenhofen, Fürstenfeldbruck und Aigen am Inn. Dabei erhalten die Reiter zusammen mit ihren festlich geschmückten Pferden bei einer Leonhardikirche den Segen. Eine Leonhardifahrt ist immer ein herausragendes gesellschaftliches Ereignis im Bauernjahr. Zur Feierlichkeit tragen neben den Pferden auch die bemalten Truhenwagen bei, in denen Mädchen und Frauen Platz nehmen, sowie die traditionellen Trachten, die eine Leonhardifahrt zu einem großen Fest zu Ehren des »Bayerischen Herrgotts« werden lassen.

Bild oben: Votivbild von 1861, Grattendorf

Bild utnen: Lüftlmalerei, Bad Kohlgrub

MARTIN – EIN POPULÄRER HEILIGER

Mitleid mit einem Bettler

Im November steht neben dem heiligen Leonhard mit St. Martin ein ganz besonders beliebter Heiliger im Namenstagskalender. Wer kennt ihn nicht den edlen Reitersmann, der einer Legende nach seinen Mantel mit einem frierenden Bettler teilte. So haben ihn auch immer wieder Künstler dargestellt. Alljährlich wird er am Abend seines Festtages mit Laternenumzügen gefeiert, auf die sich besonders unsere Kinder freuen.

Martin wurde um das Jahr 316 in Pannonien in Ungarn als Sohn eines römischen Tribunen aus Pavia geboren. Schon mit 15 Jahren trat er in die römische Armee ein und wurde bald zum Offizier befördert. In dieser Funktion wurde er nach Gallien versetzt. In der Stadt Amiens (nördlich von Paris) trug sich wohl die Begegnung mit dem Bettler zu, mit dem er seinen Mantel teilte.

Nach diesem Erlebnis ließ sich Martin mit 40 Jahren taufen und quittierte den Kriegsdienst.Für Martin begann ein neuer Lebensabschnitt. Er wurde zum begeisterten Anhänger der christlichen Lehre und kämpfte gegen Heidentum und Arianismus. Als ihn wütende arianische Bischöfe vertrieben, zog er sich auf eine Insel als Einsied-

ler zurück. Nach seiner Rückkehr in seine Heimat begegnete er Bischof Hilarius und gründete im Jahr 370 in Liguge bei Poitiers das erste gallische und abendländische Kloster.
Unermüdlich widmete sich Martin nun der Missionsarbeit und reiste im Land umher. 397 starb er über 80-jährig auf einer Seelsorgereise. Zu seinem Begräbnis am 11. November strömte eine riesige Menschenmenge zusammen. König Chlodwig I. erklärte Martin zum »Schutzherrn der fränkischen Könige und des fränkischen Volkes«. Sein Mantel war fränkische Reichsreliquie und wurde auf allen Kriegszügen mitgeführt.

Gansbraten zu Martini

Über seine kirchliche Bedeutung hinaus war das Namensfest des heiligen Martin seit jeher ein wichtiges Datum im Bauernjahr, was sich in vielen weltlichen Bräuchen ausdrückte. Dabei denkt man wohl an die Martinsgans, die am 11. November auf den Tisch kommt. Dieser Brauch hat seinen Ursprung wohl in der Legende, nach der sich der bescheidene Martin der Übernahme des Bischofsamtes von Tours durch eine Flucht in einen Gänsestall entziehen wollte. Und da die Gänse durch ihr Geschnatter seinen Aufenthaltsort verrieten, musste er das ihm übertragene Amt übernehmen.

Bild links: Laternenumzug bei Martinsfeier

Bild rechts: Martin teilt den Mantel mit einem Bettler

Martinsfeier in Gelting

Wahrscheinlicher ist aber eine andere Erklärung. In den Novembertagen erreichen die Gänse ihr volles Mastgewicht. Und da war es früher feste Regel, dass die Bauern den kirchlichen und weltlichen Pachtherren, den Klöstern und Kirchen, vereinbarungsgemäß zum Pachtzins auch eine paar fette Gänse ablieferten. So wurde der Martinstag auch zum Abschluss des Wirtschaftsjahres.

Es gibt aber noch eine andere Erklärung für die Martinsgans: Der 11. November brachte für die Bauern und ihr Gesinde das Ende der Feldarbeiten, was mit einem großen Ernte- und Schlachtfest gefeiert wurde. Und so freuten sich alle auf den Gansbraten und den noch jungen »Martiniwein«. An Martini konnten sich alle nochmals richtig satt essen vor dem bevorstehenden Adventsfasten.

Das Ende der Weidezeit

Für die Bauern war der Martinstag stets ein wichtiger Lostag für die Witterung im bevorstehenden Winter. Am Martinstag endete früher auch immer das Weidejahr. Da konnte der Dorfhirte bei den Bauern den ersehnten Hüterlohn erbitten. Wenn er Glück hatte, bekam er noch einen Laib Brot, ein Stück Geräuchertes oder auch Schafwolle. Zum Zeichen der Dankbarkeit überbrachte der Hirte eine Birkenrute, die »Martinsgerte«. Im Bayerischen Wald zogen die Hüterbuben abends durchs Dorf und sagten einen Spruch auf: »Jetzt kimmt der Hirt mit seiner Girt, er hat sein Jahr mit Freuden ghüat.« Dann lärmten sie mit ihren Kuhglocken und Goaßln.

Wolfauslassen

Noch ein anderer Brauch erinnert heute im Bayerischen Wald an die Hirten, die zu Martini ihren Lohn erhielten: In Rinchnach bei Zwiesel und in den umliegenden Dörfern veranstalten die Burschen am Vorabend des 11. November ein Riesenspektakel: das »Wolfauslassen« oder »Wolfläuten«. Wie früher die Hirtenbuben lärmen sie mit Kuhglocken und Goaßln. Dabei verkleiden sich die »Wolferer« als Hirten und haben einen geschmückten Hirtenstab in der Hand. So versammeln sie sich auf dem Dorfplatz und erzeugen mit riesigen Schellen einen Heidenlärm, unterstützt vom Knallen der Goaßlschnalzer. Mit dem großen Lärm sollten einstmals nicht nur Unholde, sondern auch wilde Tiere wie der Bär, der Wolf und der Luchs vom Dorf ferngehalten werden.

Verirrtenläuten ab Martini

Dieser Martinsbrauch, der in Franken gepflegt wurde, ist heute nur noch Erinnerung: Ab dem Martinstag wurden früher in Mainfranken in der dunklen Jahreszeit die Kirchenglocken für Verirrte und späte Wanderer, Reisende und Fuhrleute geläutet. Das tägliche Verirrtenläuten fand seinen Niederschlag auch in vielen Sagen und Geschichten, die am Abend den Kindern erzählt wurden.

TOTENBRETTER UNTER BÄUMEN

Flurdenkmale

In vielen Regionen, im Oberpfälzer und im Bayerischen Wald, im Gebiet zwischen Lech und Ammersee, im Dachauer Hinterland, im Chiem- und Trauchgau sowie im Rupertiwinkel trifft man auf Flurdenkmale, die an Verstorbene erinnern. Es sind Totenbretter. Wir finden die schlichten hölzernen Denkmale an Waldrändern, an Wegkreuzungen und Kapellen, an Stadelwänden und Zäunen, immer unter freiem Himmel. Lange Zeit glaubten Wissenschaftler, dass die Totenbretter ihren Ursprung im Totenbrauchtum aus vor- und frühgeschichtlicher Zeit haben. Dies ist aber nicht haltbar, da die ersten Belege für Totenbretter erst aus der Zeit des ausgehenden 19. Jahrhunderts stammen.

Totenbretter, St. Englmar, Bayer. Wald

Bis zum Ende des 18. Jahrhunderts dienten Totenbretter zum Aufbahren und Bestatten der verstorbenen Angehörigen, ein Brauch der sich vor allem auf ärmere Regionen beschränkte. Zu einer Änderung kam es erst zu Beginn des 19. Jahrhunderts, als sich überall die Sargbestattung durchsetzte, auch wegen gesundheitspolizeilichen Vorschriften. In manchen Orten hielt sich diese Form der Bestattung aber noch bis zum Ende des letzten Jahrhunderts.

Als man die Toten vor der Bestattung nicht mehr auf ein schlichtes Holzbrett legte, verlor es seinen ursprünglichen Verwendungszweck, blieb aber in so mancher Redensart erhalten. So sprach man z. B. vom »Brettlrutschen«, was als Umschreibung des Sterbens diente. Man ließ nämlich die auf einem Brett liegenden Toten durch Schrägstellen in das offene Grab gleiten.

Die Totenbretter von einst haben sich bis heute als Denkmale erhalten. Man sieht in ihnen fortan ein Memento, eine anschauliche Erinnerung der Lebenden an den Tod und an die Verstorbenen. Heimatpflegerischen Initiativen ist es zu verdanken, dass die schmalen, nach oben spitz zulaufenden Bretter heute wieder zum Landschaftsbild gehören. Man gestaltet sie sogar besonders schön und konserviert sie mit

Farbe, was freilich dem ursprünglichen Sinn zuwiderläuft: Denn es war einst fester Volksglaube, dass die Seele des Verstorbenen erst dann die ewige Ruhe findet, wenn das Brett, auf dem der Tote lag, verrottet ist.
Ursprünglich waren die Totenbretter sehr einfach gehalten, nur der Name und die persönlichen Daten des Verstorbenen waren festgehalten. Daneben brachte man noch ein Bild, das die Todesumstände zeigte, sowie eine kleine Tafel mit einem Stoßgebet an. Oftmals sollte auch ein kurzer Vers an den Toten erinnern und die Vorübergehenden nachdenklich machen, wie die beiden Beispiele zeigen.

Inschriften auf Totenbrettern in St. Englmar

»Zu Andenken an Mathias Pösl,
den letzten Hutmacher von hier,
gestorben am 13. September 1925
im 63. Lebensjahr.
Mit Stolz trägt mancher seinen Hut
und denkt, wie schön bin ich,
er steht mir gut.
O Mensch, gedenk daran mit Graus,
wie hingemalt siehst du einst aus.
Drum stell dich unter Gottes Hut,
dann steht's mit deiner Seel auch gut.«

»Allhier in Engelmar
hat er seit 50 Jahr
als Krämer wohlgeacht
sein Tagwerk vollbracht.
Vorbei war seine Zeit
und in die Ewigkeit
die letzte Fahrt getan.
O Wandrer, denke dran,
nur eine kurze Frist
dein Erdenleben ist.
Drum wende ihm auch du
ein Vaterunser zu.«

Aberglaube rund um die Totenbretter

Und auch das verbindet man mit Totenbrettern: Man hat sich von ihnen früher vielerorts recht schaurige Geschichten erzählt. In ihnen spiegelt sich einerseits die menschliche Fantasie wider, andererseits aber auch eine große Portion Aberglaube, der die Menschen in große Ängste versetzte. Beides kommt in der folgenden Geschichte zum Ausdruck, die uns Dorothee Kiesselbach aufgeschrieben hat:

»In uralten Tagen wohnten einmal auf der Einöd droben drei gottlose Brüder, die banden ihre weidende Ziege immer an einem Totenbrett fest. Einmal ging der Regen über Land, und sie holten die Ziege eher als sonst heim und nahmen zu ruchlosen Späßen auch das Totenbrett mit. Sie schnitzten daraus einen Mann mit großmächtigem Kopf und hölzernem Gesicht und gaben ihm den Namen Horg. Sie legten ihm alte Fetzen an und machten mit ihm Dinge, die Gott verboten hat.
Wie aber die drei schlafen gingen, wurde der Horg auf einmal lebendig, ging zum Tisch und fing an zu essen. Da schauten die drei Spießbrüder drein. Schließlich schleifte einer ihn aus dem Haus und verrammelte die Tür. Aber um Mitternacht riss es die Tür auf, der schreckliche Horg stand in der Kammer und schrie: ›Den Ersten

find ich, den Zweiten schind ich, den Dritten werf ich übers Hüttendach.‹ Kein Mensch hat die drei Brüder je wiedergesehen, und der Hof ist seitdem verlassen und die ganze Stätte mit Gras verwachsen.«

ALBERTITAFELN IN DER RELIGIÖSEN VOLKSKUNST

Das Wirken des heiligen Albertus, des großen mittelalterlichen Gelehrten – »doctor universalis« – hat seinen Niederschlag auch in Werken der Volkskunst gefunden: in Albertitafeln, die aber weitgehend unbekannt sind. Das liegt daran, dass nur recht wenige Exemplare die Zeiten überdauert haben. Man findet sie an meist abgelegenen Orten in Oberbayern, in Tirol und im Salzburger Land, also in den alten Bistumsgebieten von Freising und Salzburg. Sonst wären sie sicher genau so populär wie Votivbilder, kleine Andachtsbilder, Rosenkränze und andere Objekte der religiösen Volkskunst.

Albertitafel, Mühlberg bei Waging am See

Im Zentrum der Albertitafeln stehen szenische Darstellungen einer Predigt des Heiligen, umrankt von einem bunten Bilderbogen, der der Erbauung und Mahnung dienen soll. Das größere Mittelbild zeigt jeweils Albertus Magnus oder eine Bibelszene. Dazu erscheint als gleichsam erklärender Text die wundersame Legende von einem Zwiegespräch zwischen Christus und dem Heiligen.

Albertitafeln entstanden seit dem 17. Jahrhundert und erlebten ihren Höhepunkt im 18. Jahrhundert, in der Barockzeit. Im 19. Jahrhundert wurden die frommen Bildtafeln als Zeichen einer überholten Volksfrömmigkeit nicht mehr geachtet und zum großen Teil vernichtet. Einige wenige Exemplare sind heute besondere Kostbarkeiten in Heimatmuseen, z. B. in Traunstein.

DEZEMBER

Dezember. Monatszyklus von Stephan Kessler (1672), ehemaliges Kloster Benediktbeuern

Der Dezember ist der zwölfte und letzte Monat des Jahres, im römischen Kalender war er der zehnte Monat (vom lateinischen »decem« für zehn). Er bringt die längsten Nächte und den Tag der Wintersonnenwende am 21. oder 22. Dezember.
Im Mittelpunkt dieses Monats stehen der Advent und Weihnachten, das beliebteste Fest des Jahres. Die Feier dieser Tage ist besonders reich an Brauchtum, das vor allem in den Familien gepflegt wird.

Namenstage

3. Dezember: *Franz Xaver*
4. Dezember: *Barbara*
6. Dezember: *Nikolaus*
13. Dezember: *Lucia*
26. Dezember: *Stephanus*
31. Dezember: *Silvester*

Bauern- und Wetterregeln

Geht Barbara im Klee,
kommt's Christkind im Schnee.

Regnets an St. Nikolaus,
wird der Winter streng und kraus.

Kommt die heilige Lucia,
findet sie die Kälte schon da.

Dezember veränderlich und lind
ist der ganze Winter ein Kind.

Ist die Christnacht hell und klar,
folgt ein höchst gesegnet Jahr.

Wind in der Silvesternacht
hat nie Wein und Brot gebracht.

VOM PARADEISL ZUM ADVENTSKRANZ

Zeit der Erwartung

Trotz oder vielleicht wegen aller Säkularisierung und Kommerzialisierung verbinden auch Menschen unserer Tage mit dem Advent die Vorstellung einer besinnlichen Zeit am Ende eines Jahres. Die vierwöchige Adventszeit will symbolisch an die 4000 Jahre erinnern, die die Menschheit auf die Ankunft des Erlösers gewartet hat, und auf sein Kommen zu Weihnachten einstimmen. Zur Einstimmung auf das beliebte Fest tragen viele Bräuche und Traditionen bei. Dazu gehört besonders der Adventskranz, den wir heute nicht nur in Wohnungen, Kindergärten und Schulen, sondern auch in Büros und Betrieben, in Supermärkten und Kaufhäusern finden. Gebunden aus Tannenzweigen oder auch aus Stroh, umwunden mit einem roten Band, schafft er überall eine vorweihnachtliche Stimmung. Die vier Kerzen auf dem grünen Kranz symbolisieren die vier Adventssonntage, sie teilen die Adventszeit in Abschnitte ein.

Der Adventskranz – ein junger Brauch

Die große Beliebtheit und die große Verbreitung im gesamten deutschsprachigen Raum legen die Vermutung nahe, dass es sich beim Adventskranz um einen sehr alten Brauch handelt, was aber nicht zutrifft. Seinen Ursprung hat unser Adventskranz nicht in bayerischen Landen, sondern im evangelischen Norden Deutschlands. Als sein geistiger Vater kann Johann Hinrich Wichern, der pietistische Oberkirchenrat und Begründer der Inneren Mission, gelten, der um 1850 in Hamburg im »Rauhen Haus«, einem Waisenhaus, in der Vorweihnachtszeit einen Kronleuchter aufhängen ließ. Um seine Waisenkinder auf das Weihnachtsfest einzustimmen, versammelte er sie an den Adventsabenden unter dem großen Leuchter und entzündete jeweils eine weitere Kerze an dem Leuchter. Ein Jahrzehnt später führte Wichern diesen Brauch auch in einem Berliner Waisenhaus ein, wobei an die Stelle des Kronleuchters ein Kranz mit Tannenzweigen trat. Mit dem Grün des Adventskranzes wurde an einen alten Brauch der Mittwinterzeit angeknüpft, denn mit grünen Zweigen, die in der Stube aufgehängt wurden, wollten unsere Vorfahren einst Gesundheit, Wachstum und Fruchtbarkeit in Haus, Stall und Feld sichern und böse Geister fernhalten. Im protestantischen Norden fand Wicherns Idee vor allem in den Städten Nachahmung. Schon bald trat an die Stelle der 24 Kerzen ein grüner Kranz mit vier Kerzen, die nacheinander an den Adventssonntagen entzündet wurden. Im katholischen Süden konnte sich der Brauch aus dem protestantischen Norden erst in den 30er-Jahren des letzten Jahrhunderts nach und nach durchsetzen. Gänzlich verpönt war er zunächst in katholischen Kirchen. Ein Wegbereiter für den neuen Brauch in der katholischen Kirche war im Jahr 1937 der Pfarrer von St. Sylvester in München, der erstmals einen Adventskranz aufhängen ließ. Heute findet man ihn in allen katholischen Kirchen, in vielen werden am 1. Adventssonntag die mitgebrachten Adventskränze vom Priester gesegnet.

Paradiesbaum, eine Vorform des Weihnachtsbaumes

Das Paradeisl – Vorgänger des Adventskranzes

Vor dem Adventskranz war vor allem in Altbayern das »Paradeisl« das Symbol der vorweihnachtlichen Zeit. Dies ist eine schlichte Pyramide mit vier Kerzen, dem Adventskranz ähnlich, seine drei Dreiecke symbolisieren die göttliche Dreifaltigkeit. Das Paradeisl soll in den 1870er-Jahren aus Südtirol nach Oberbayern gekommen sein und wurde hier zum traditionellen Adventsschmuck und damit zum Vorläufer unseres Adventskranzes.

Feierlicher Adventskranz

Klassische Adventspyramide

Den Grundriss des Paradeisl bilden drei bunte Holzstäbe, an deren Ende jeweils ein rotbackiger Apfel steckt. Gekrönt wird die Adventspyramide mit einem weiteren Apfel, der mit den anderen Früchten durch Stäbe verbunden ist. In allen Äpfeln stecken kleine Kerzen, die nach und nach angezündet werden. In jüngster Zeit erinnern sich viele wieder an den alten bayerischen Brauch und stellen auf den Tisch in der guten Stube oder ans Fensterbrett das dekorative Paradeisl, so wie einst ihre Vorfahren.
Einfache Lichterpyramiden kannte man bereits im 18. Jahrhundert in anderen Regionen in Deutschland. Eine besonders einfallsreiche Form schufen die armen Familien im Erzgebirge mit ihren Lichter- oder Weihnachtspyramiden, die sich bis heute großer Beliebtheit erfreuen und auf den Weihnachtsmärkten in großer Vielfalt angeboten werden.

BARBARA – PATRONIN DER BERGLEUTE

Barbara ist eine der beliebtesten Heiligen im Kirchenjahr. Sie lebte zur Zeit der Christenverfolgungen in der heutigen Türkei. Der Legende nach war sie wegen ihrer Klugheit und Schönheit bei jungen Männern sehr begehrt, wies aber alle Bewerber ab, weil sie nicht heiraten wollte. Als ihr Vater erfuhr, dass sie Christin geworden war, sperrte er sie immer in einen Turm, wenn er abwesend war. Aber auch hier hatte sie Kontakt mit der Christengemeinde und sogar mit dem Kirchen-

Am Barbaratag

Geh in den Garten am Barbaratag,
geh zum kahlen Kirschbaum und sag:
»Kurz ist der Tag, grau ist die Zeit.
Der Winter beginnt, der Frühling ist weit.
Doch in drei Wochen, da wird es geschehen:
Wir feiern ein Fest wie der Frühling so schön.
Baum, einen Zweig gib du mir von dir!
Ist er auch kahl, ich nehm' ihn mit mir.
Und er wird blühen in seliger Pracht
mitten im Winter in der Heiligen Nacht.«

Josef Guggenmos

lehrer Origines. Als sie sich offen zum Christentum bekannte, wollte sie ihr Vater erschlagen. Da tat sich in der Erde ein Spalt auf, sodass sie für ihn unsichtbar war. Zuletzt lieferte er sie dem Gericht aus, das sie zum Tode verurteilte.

Aufgrund der zahlreichen Legenden ist Barbara die Schutzpatronin der Architekten, Bauarbeiter, Maurer, Glockengießer und Bauern. Besondere Verehrung genießt sie bei den Bergleuten, die sich ihr bis heute anvertrauen. An ihrem Namensfest fanden früher an bayerischen Bergbauorten wie Peißenberg und Sulzbach-Rosenberg zu Ehren der verehrten Patronin Gottesdienste statt.

Unsere Vorfahren haben Barbara als Helferin für eine gute Sterbestunde sowie gegen Feuer, Unwetter und Pest angerufen. Und was eine besondere Auszeichnung ist: Man zählte sie zur Gruppe der vierzehn Nothelfer.

Der Kult von St. Barbara, die meist mit einem Turm, einem Schwert und Kelch dargestellt wird, ist seit dem 8. Jahrhundert im Abendland bekannt. Zu ihrer Beliebtheit tragen bei uns besonders die Zweige bei, die an ihrem Namensfest geschnitten werden. Dazu eignen sich Kirsch-, Zwetschgen- und Forsythienzweige, die in einen mit Wasser gefüllten Krug im warmen Zimmer gestellt werden in der Erwartung, dass sie bis Weihnachten grünen und blühen. Die Barbarazweige sind ein Symbol der Hoffnung und des Lebens in kalter Winterszeit.

St. Barbara, Tafelbild um 1650, Bad Heilbrunn

Adventskalender um 1920

BELIEBTER ADVENTSKALENDER

Das Warten verkürzen

Adventskalender sind heute ein fester Bestandteil der Adventszeit. Mit ihren 24 Türchen gehören sie zum adventlichen Ritual. Der Advent, die Wochen vor Weihnachten, steht von seinem Sinnverständnis her ganz im Zeichen der Ankunft des göttlichen Kindes. Eine ähnliche Funktion hatten im 19. Jahrhundert in protestantischen und vor allem in pietistischen Familien häusliche Andachten.

Die Anfänge des Adventskalenders liegen in der Zeit, als sich Weihnachten zu einem Familien- und Kinderfest entwickelte. Dazu gehörte auch die Einstimmung der Kinder in der Adventszeit. Um ihnen das Warten auf das Weihnachtsfest zu erleichtern, war es damals vor allem in ärmeren Familien üblich, 24 Kreidestriche an die Wand zu malen, von denen die Kinder täglich einen wegwischen durften. In bürgerlichen Familien gab es den Brauch, täglich je einen Strohhalm für eine gute Tat in die noch leere Krippe zu legen, damit das Jesuskind weich liegen könne. Es gab auch Adventskerzen, die stückweise, Tag für Tag bis Weihnachten abgebrannt wurden. Markierungen sorgten dafür, dass man die Kerze immer in gleich großen Schritten schrumpfen lassen konnte. Je kleiner die Kerze, desto näher war das ersehnte Weihnachtsfest.

Die Idee eines Verlegers

Die Geburtsstunde eines gedruckten Adventskalenders war kurz nach der Jahrhundertwende. Die originelle Idee dazu hatte der junge Münchner Verleger Gerhard Lang. Er brachte im Jahre 1908 einen Adventskalender heraus, dem er den Namen »Im Lande des Christkinds« gab. Er hatte ihn mit eigenen Versen versehen, die Bilder stammten von dem Kinderbuchillustrator Richard Ernst Kepler.

Bild unten: Legende: Nikolaus, der Patron der Seeleute, 1675, Pfraundorf

Diesem Kalender, der noch keine Fensterchen, sondern Bilder zum Aufkleben hatte, folgten in den nächsten Jahren noch viele Kalender, die im Verlag Reichhold & Lang erschienen. Da Lang vergaß, seine Idee patentieren zu lassen, brachten auch andere Verlage ähnliche Adventskalender heraus.
Gerhard Lang und Richard Ernst Kepler entwickelten die ursprüngliche Form weiter und beließen es nicht, wie in späteren Jahren, beim Türchenöffnen. Sie schufen Kalender, die nicht nur zur Dekoration dienten, sondern die Kinder auch zum Basteln, Ausschneiden, Aufkleben und zum Lesen der mitgelieferten Texte anregen sollten. Hier zeigt sich bereits ein Wechsel in der Zielsetzung. Diente er ursprünglich mit seinen religiösen Motiven der Hinführung auf das Geburtsfest Christi, steht er nun zunehmend im Dienst des Weihnachtsrituals. Das materielle Geschenk steht nun im Vordergrund.
Im Zweiten Weltkrieg geriet der Adventskalender wegen des Verbots, Bildkalender zu drucken, in Vergessenheit. Erlaubt waren nur noch einfache heftartige Kalender, die in ihren Texten und Bildern die nationalsozialistische Ideologie förderten. An die Stelle christlicher Symbole des Weihnachtsfestes traten germanische und völkische Elemente, ja sogar Motive von der Kriegsfront.

Entwicklung zum Massenartikel

Seine große Blüte erlebte der Adventskalender erst ab den 50er-Jahren des letzten Jahrhunderts. An die Stelle der religiösen Motive traten nun zunehmend Märchen- und Landschaftsbilder und vor allem kitschige Bilder vom Weihnachtsmann und von Spielsachen. Eine religiöse Ausrichtung und auch die künstlerische und ästhetische Gestaltung waren nicht mehr gefragt. Der Adventskalender wurde zu einem Massenartikel, im Zuge des Wirtschaftswunders folgten mit Schokolade gefüllte Wandkalender. In jüngster Zeit ist eine gewisse Gegentendenz erkennbar: Viele Eltern suchen wieder einen künstlerisch gestalteten Kalender mit religiösen Motiven, der in guten Fachgeschäften angeboten wird.

NIKOLAUS, DER FREUND DER KINDER

Der Bischof von Myra

Der historische Nikolaus kommt aus dem Mittelmeerraum, aus Kleinasien, der heutigen Türkei. Sein Geburtsort Patara in Lykien ist eine kleine Hafenstadt gegenüber der Insel Rhodos. Ein genaues Geburtsdatum ist uns nicht bekannt.
Der Legende nach wuchs Nikolaus als Kind christlicher Eltern auf und zeigte sich bereits als Kind freigiebig und großherzig und beschenkte Kinder. Er wurde Priester und Bischof der Hafenstadt Myra. Wie viele seiner Mitmenschen hatte er unter der Christenverfolgung durch den römischen Kaiser Diokletian zu leiden. Erst das Religionsedikt von Kaiser Konstantin ermöglichte ihm die freie Religionsausübung. Nun konnte er sich ungehindert für seine Mitchristen einsetzen, konnte predigen und taufen. Es ist historisch belegt, dass es bereits im 4. Jahrhundert eine Christengemeinde in Myra gab. Hier soll Nikolaus um das Jahr 342 oder 347 gestorben sein, und zwar an einem 6. Dezember.

Die Verehrung im Abendland

Obgleich sein Leben weithin in das Dunkel der Geschichte eingehüllt ist, tat das der Verehrung des beliebten Bischofs keinen Abbruch. Im Gegenteil: Nikolaus ist bis heute einer der beliebtesten Heiligen der Kirche. Ursprünglich beschränkte sich seine Verehrung auf den Bereich der Ostkirche, wo uns sein Bild in unzähligen Ikonendarstellungen und Mosaiken begegnet.

Doch wie kam der Nikolauskult aus der Ostkirche in die Westkirche, zu uns ins Abendland? Bereits im 7. Jahrhundert war die Legende von den drei Feldherren im Abendland bekannt. Einen wesentlichen Anteil an der Überführung des Nikolauskultes ins Abendland hatte Kaiserin Theophanu, die griechische Gemahlin des deutschen Kaisers Otto II., vom Kaiserhof in Byzanz.

Von größter Bedeutung war das bekannte abenteuerliche Stück Eroberungsgeschichte aus dem Jahre 1087. Damals entführten Kaufleute und Ritter aus Bari die sterblichen Überreste des Heiligen aus seiner Bischofsstadt Myra in die süditalienische Hafenstadt, um sie den Händen der Moslems zu entreißen. Hier ruhen seine Gebeine in einem Marmorgrab in der romanischen Basilika S. Nicola.

Der spektakuläre Raubzug war der Auslöser für die Nikolausverehrung im ganzen Abendland. Nunmehr wurden viele Kirchen nach dem bislang unbekannten Heiligen aus Kleinasien benannt, vor allem solche, die an Flüssen und Seen lagen. Das führte auch dazu, dass die Schiffer, Seeleute und Flößer ihn zu ihrem Schutzpatron erwählten. Zu seiner Popularität trugen nicht zuletzt die vielen Legenden bei, die sich um den Heiligen rankten, der immer ein Herz für seine Mitmenschen hatte.

Nikolausbrauchtum

Bild oben: Nikolaus in vollem Ornat, Kapellplatz Altötting

Unser Brauch, dass der Heilige an seinem Namensfest die Kinder besucht, geht auf mittelalterliche Bischofsspiele zurück. Dabei wählten Klosterschüler einen Mitschüler zum Bischof und zogen bettelnd durch die Straßen. Daraus entwickelte sich der Brauch, dass St. Nikolaus die Kinder an seinem Namensfest beschenkt. Als es im 16. Jahrhundert zu einer Ablehnung jeglicher Heiligenverehrung durch die Reformatoren kam, nahm man auch am Nikolausbrauchtum Anstoß.

Ganz im protestantischen Sinne war auch die Verlegung des Schenktermins vom Nikolaustag auf das Weihnachtsfest, was aber im ländlichen, katholisch geprägten Bereich lange nicht beachtet wurde. Hier brachte noch im ausgehenden 19. Jahrhundert der Nikolaus an seinem Namensfest die Geschenke.

Nach altem Brauch kommt der Bischof Nikolaus in Begleitung von finsteren Gestalten, die je nach Gegend Knecht Ruprecht, Krampus, Pelzmärtel, Klaubauf, Rauwuckl, Butz oder Rumpelblas heißen. Im Berchtesgadener Land begleiten Gangerl, dass sind Teufelsgestalten in dunklem Fell und Furcht einflößenden Tiermasken den Nikolaus. Bei allen diesen unsympathischen Begleitern, die die Kinder einschüchtern sollen, handelt es sich um Schreckgestalten aus dämonischen Umzugsgestalten, die an heidnische Zeiten erinnern. Ähnliche Wurzeln zeigen sich auch im Klausentreiben, dass im Allgäu, besonders in Oberstdorf, Immenstadt und Berghofen alljährlich am 6. Dezember veranstaltet wird.

Bild unten: Leuchtende Lucienhäuschen, Schloss Blutenburg, München

LICHTER IN DER DUNKLEN LUCIENNACHT

Wintersonnenwende am Lucientag

Bis zur Einführung des gregorianischen Kalenders im Jahre 1582 war das Namensfest der heiligen Lucia am 13. Dezember der Tag der Wintersonnenwende, also der kürzeste Tag des Jahres. Nach altem Volksglauben bedrohten in den längsten Nächten des Jahres böse Geister und Dämonen die Menschen, die man mit Schreckgestalten fernhalten wollte. Im Bayerischen Wald zog die »Luzelfrau«, auch »Schiache Luz« genannt, bei einbrechender Dunkelheit durch die finsteren Gassen, pochte Messer wetzend an Türen und Fenster und erschreckte die Kinder. Nach dem Lucientag, so wusste man, beginnt der Tag wieder zu wachsen. So kennzeichnet das Namensfest der Heiligen aus Sizilien Dunkelheit und Licht zugleich.

Lucienbräute

In Italien kennt jedes Kind das Lied von »Santa Lucia«, an vielen Orten werden Umzüge und Volksfeste zu Ehren der Lichtheiligen Lucia veranstaltet. Besondere Popularität erlangte die Heilige des Lichts in Schweden, wo am 13. Dezember weiß gekleidete Mädchen als »Lucienbraut« mit einem Kranz brennender Kerzen auf dem Haupt Kindergärten, Schulen und Betriebe besuchen und die Weihnachtszeit ankündigen. Dabei singen sie Weihnachtslieder. Am Abend werden nach altem Brauch Lichterprozessionen zu Ehren der beliebten Heiligen durchgeführt.

Lucienhäuschen auf dem Wasser

Die Verehrung der Lichterheiligen aus Süditalien fand ihren Ausdruck auch im Brauchtum unserer Heimat. In der oberbayerischen Kreisstadt Fürstenfeldbruck erinnert ein alter Brauch an St. Lucia, der nach dem Zweiten Weltkrieg neu belebt wurde. Hier basteln vor dem Lucientag Kindergartenkinder und Grundschüler aus Pappe, Sperrholz und buntem Transparentpapier Modelle von Häusern ihrer Stadt. Am Abend des 13. Dezembers bringen sie voller Stolz ihre kleinen Kunstwerke zur Amperbrücke, wo sie feierlich gesegnet werden. Danach werden die mit Lämpchen illuminierten Lucienhäuschen von Stadtarbeitern einzeln ins Wasser der Amper gesetzt. Die vielen Zuschauer freuen sich an dem Anblick, wenn Hunderte beleuchtete Häuschen in der Dunkelheit auf dem Fluss dahin treiben, bis sie von der Strömung mitgerissen werden.

Die Lucienhäuschen gehören seit über 60 Jahren in der Amperstadt zum traditionellen Brauchtum der Adventszeit, dessen Ursprung nicht eindeutig geklärt

Bild unten links: Auf dem Nürnberger Christkindlesmarkt

Bild unten rechts: Weihnachtsschmuck, Schloss Tüssling, Obb.

ist. Der Stadtchronik zufolge soll der Brauch auf eine Hochwasserkatastrophe im Jahre 1785 zurückgehen. Damals sollen sich die Bürger der Stadt der Tagesheiligen verlobt haben, die sie in großer Not um Hilfe anflehten.
Wahrscheinlich handelt es sich bei den Lucienhäuschen um einen Brauch, der schon viel älter ist und auch in anderen an Flüssen gelegenen Orten, so z. B. in Wasserburg, gepflegt wurde. Der als »Lichterschwemmen« bekannte Brauch beschränkte sich auch nicht auf den bayerischen Raum. Es ist denkbar, dass man sich in Fürstenfeldbruck des in Vergessenheit geratenen Brauches anlässlich der Wasserflut im Jahre 1785 wieder erinnerte.

WEIHNACHTSMÄRKTE FRÜHER UND HEUTE

Besonderer Anziehungspunkt

Weihnachtsmärkte entstanden immer dort, wo viele Menschen zusammenkamen. Beliebt waren vor allem die Plätze rund um große Kirchen, wo sich nach dem Gottesdienstbesuch Stadt- und Landleute zwischen den Buden tummelten. Die Märk-

te waren auch attraktiv für die Dienstboten, die zum bevorstehenden Fest ihren »Weihnachtstaler« ausbezahlt bekamen und so auch etwas Bargeld in der Tasche hatten. Die Bauern, die aus den Dörfern in die Stadt kamen, sahen in den Weihnachtsmärkten eine willkommene Möglichkeit, sich mit Waren von Handwerkern, z. B. von den Hafnern, Schäfflern, Seilern und Wagnern, einzudecken. Ein Einkauf unter freiem Himmel war ihnen zudem angenehmer als in Geschäften, wo sie sich einem Kaufzwang ausgesetzt fühlten.
Wie heute auch noch lockerte die Festtagsstimmung den Geldbeutel, zumal die ausgestellten Waren bei viel Dekor und Flitter sehr begehrenswert erschienen. Und so interessierte man sich nicht nur für Sachen des täglichen Bedarfs, sondern auch für manch Überflüssiges, für Spielsachen, Honigkuchen, Makronen und Wachswaren.

Der Nürnberger Christkindlesmarkt

Neben dem Frankfurter Christkindchesmarkt (heute Weihnachtsmarkt) war der Nürnberger Christkindlesmarkt schon am Ende des 17. Jahrhunderts einer der größten in Deutschland. Er hatte seinen Platz stets vor der Liebfrauenkirche und lockte Besucher auch durch ein »Rahmenprogramm«. Dazu gehörte eine feierliche Eröffnung mit Blasmusik und Christkindl, was die Anziehungskraft und Kauflust der Besucher förderte. Die Feststimmung animierte zum Einkaufen an den Buden mit Zwetschgenmandl, Lebkuchen, Spielzeug und Christbaumschmuck. Hinzu kamen ab der Mitte des letzten Jahrhunderts Schaubuden, Karussells und Menagerien – die Besucher sollten sich wie auf einem Jahrmarkt vergnügen können.
Wie auch an anderen Orten wird der Nürnberger Christkindlesmarkt alljährlich feierlich und medienwirksam eröffnet. In Nürnberg ist das immer der Freitag vor dem ersten Adventsonntag. Vom Balkon der Frauenkirche herab spricht ein Nürnberger Mädchen, als Christkindl verkleidet, einen feierlichen Prolog in Nürnberger Mundart. Die Besucher aus nah und fern genießen die Stimmung inmitten der vielen Buden und den Duft von gebrannten Mandeln, Schweinswürsteln und Glühwein.

Nürnberger Christkind

Der Münchner Christkindlmarkt

Eine lange Tradition haben Weihnachtsmärkte auch in München. So gab es bereits im 16. Jahrhundert eine Nikolausdult, die an zwei Tagen (5./6. Dezember) den Leuten aus Stadt und Land eine Einkaufsmöglichkeit bot, auch im Hinblick auf den Besuch des Nikolauses, der noch im 19. Jahrhundert in vielen Familien die Weihnachtsgeschenke für die Kinder brachte.
Die Münchner Nikolausdult wurde bis 1802 in der Kaufingerstraße beim Schönen Turm abgehalten. Im Jahre 1806 wurde er – wohl auf Betreiben der evangelischen Königin Caroline – nach dem Vorbild protestantischer Städte zum Christkindlmarkt, der auf den Max-Joseph-Platz und 1938 in die Blumenstraße beim Hochbunker verlegt wurde, bis er 1972 nach dem U-Bahn-Bau seinen heutigen Platz auf dem Marienplatz fand. Nach 1945 wurde der Christkindlmarkt mit dem Kripperlmarkt zusammengelegt. Optischer Mittelpunkt ist jedes Jahr eine große Fichte, die von einer Fremdenverkehrsgemeinde aus Bayern, Österreich oder Südtirol zu Werbezwecken gestiftet und mit Hunderten von Lichtern beleuchtet wird.

ABERGLAUBE IN DEN RAUNÄCHTEN

Bedrohliche Nächte

Die Zeit zwischen den Jahren gehört zu den zwölf Raunächten, die viele Menschen mit Vorstellungen verbinden, die in den Bereich des Aberglaubens gehören. Die zwölf Nächte vom Heiligen Abend bis zum Dreikönigstag galten früher als eine Zeit, in der man Hinweise auf die persönliche Zukunft, aber auch auf die Witterung im nächsten Jahr zu bekommen glaubte.

Perchtenlauf, Penzberg

Aufgeklärte Menschen des 21. Jahrhunderts haben dafür natürlich kein Verständnis mehr, aber nach der festen Überzeugung unserer Vorfahren standen die Nächte am Ende eines alten und am Beginn eines neuen Jahres unter dem verstärkten Einfluss böser Mächte und Gewalten, die sie bedrohten, vor allem in der Zeit zwischen Weihnachten und Dreikönig. Diese Nächte waren nach altem Volksglauben erfüllt vom Treiben von Dämonen und bösen Geistern. Um sie abzuwehren, war man erfinderisch und dachte sich allerlei Mittel aus, die in den Bereich des Aberglaubens einzuordnen sind.

Angst vor Dämonen

Mehrmals begegnet uns im Advents- und Weihnachtsbrauchtum die Angst unserer Vorfahren vor bösen Dämonen, die man durch diverse Schreckgestalten zu bannen versuchte. Das zeigt sich noch in der Gestalt des Krampus oder Knecht Ruprecht, der den Nikolaus begleitet, sowie in den Buttmandln, die im Berchtesgadener Land zusammen mit ihm die Kinder besuchen. Besonders bedroht von bösen Mächten sahen sich unsere Vorfahren in den zwölf Nächten zwischen Weihnachten und der Nacht vor dem Dreikönigstag am 6. Januar. Regional unterschiedlich galt als Beginn dieser geheimnisvollen Zeit auch die Thomasnacht am 21. Dezember (nach der letzten Liturgiereform wurde das Namensfest des Apostels Thomas aber auf den 3. Juli verlegt). Diese zwölf Nächte, auch die »Zwölften« oder »Zwischennächte« genannt, heißen im Volksmund »Rau-« oder »Rauchnächte«. Die Bezeichnung »Rauchnächte« erinnert daran, dass man bei den Bauern die bösen Geister in der Thomasnacht, in der Christnacht, in der Silvester- und in der Dreikönigsnacht durch Ausräuchern der Wohnräume, Ställe und Scheunen abwehren wollte. So hoffte man, alles Böse und Schädliche, Krankheit und Unglück vom Hof fernzuhalten. Der Brauch des Ausräucherns hat sich bis heute weithin auf dem Land erhalten.

Nach altem Volksglauben waren die zwölf Raunächte die geheimnisvollste Zeit des Jahres, in denen die »Wilde Jagd«, das mysteriöse Geisterheer, sowie »Frau Bercht« oder »Frau Percht«, auch »Frau Holle« genannt, über das Land jagten. Die gefürchteten Unholde wollte man auch mit viel Lärm vertreiben, eine Vorstellung, die auch dem Weihnachtsschießen zugrunde liegt, das im Alpenraum bis heute gepflegt wird. Besonders bekannt ist das Berchtesgadener Weihnachtsschießen.

Unheimliche Thomasnacht

Nach altem Volksglauben waren die Thomasnacht und die Luciennacht voller Geheimnisse, die die Menschen mit Ängsten erfüllten. Diese Nächte waren ihnen unheimlich und voller Rätsel. Wie in der Luciennacht trieb in der Thomasnacht eine Schreckgestalt ihr Unwesen. Es war der »bluatige Damerl«, der furchterregend vermummt war. Die Leute nannten ihn den »Thama mitm Hama«, weil er den Kindern mit einem Hammer drohte.
Aberglauben pur war es, wenn die jungen Mädchen in der Thomasnacht zu erfahren glaubten, ob's im nächsten Jahr etwas wird mit der erhofften Heirat. Als beliebtes Orakel diente ihnen das »Pantoffelwerfen«. Dabei warfen sie einen Pantoffel über die Schulter und achteten darauf, in welche Richtung die Schuhspitze zeigte, denn aus dieser sollte der erhoffte Hochzeiter kommen.
Ein beliebtes Orakel war in dieser Losnacht auch das Bettstatt-Treten. Dazu mussten die Mädchen um Mitternacht folgenden Spruch aufsagen:

»Bettstatt, i tritt di,
heiliger Thomas, i bitt di,
lass mir erscheinen
den Herzallerliebsten meinen.«

BESINNLICHER HEILIGER ABEND

Kletzenbrot am Heiligen Abend

Ganz im Gegensatz zu heute verlief der Heilige Abend früher weitgehend ruhig, man vermied alle Hektik und Betriebsamkeit am Tag vor Weihnachten. Auf dem Land herrschte am Heiligen Abend totale Arbeitsruhe, auf jedem Hof mussten alle Arbeiten erledigt sein. Erlaubt waren lediglich die vordringlichsten Arbeiten im Stall. In fränkischen Dörfern stimmte man sich mit einem Sternsingen auf das Fest ein. Lehrer, Kantor und Schulkinder zogen singend durch das Dorf und wurden für ihre Lieder mit Christwecken, Wein und Geld beschenkt.
Ganz im Gegensatz zu heute war früher am Weihnachtsabend ein Festmahl mit Kaviar, Karpfen und anderen exquisiten Speisen unvorstellbar, denn der Heilige Abend war bis nach der mitternächtlichen Christmette ein strenger Fast- und Abstinenztag, an dem man sich nur einmal mit einer einfachen Suppe satt essen durfte. In den Stunden vor der Christmette wurde von den Eltern aus der Goffine, dem religiösen Hausbuch, vorgelesen. Alle in der Familie, Alt und Jung, hörten aufmerksam auf die Worte der Heiligen Schrift und stimmten sich auf den Besuch der Christmette ein. Man saß in der warmen Stube beisammen und erzählte sich Geschichten. Zum Essen gab's nur das selbst gebackene Kletzenbrot aus Roggenmehl und gedörrten Birnen.

Üppiges Mahl nach der Christmette

Auf dem Land kam nach der Rückkehr von der Christmette, schon weit nach Mitternacht, der Teil des Heiligen Abends, auf den sich alle freuten. Da versammelte sich die ganze Familie mit den Dienstboten zu einem nächtlichen Mahl, das sich bis zum frühen Morgen hinziehen konnte. Das Essen war aus heutiger Sicht äußerst opulent und nicht sehr bekömmlich, kamen doch eine fette Brühsuppe, Leber- und Blutwürste und gesottenes Schweinefleisch auf den Tisch. Das alles verdankte man dem »Weihnachter«, der schweren Mettensau, die eigens für die Festtage gemästet wurde. Sie wurde schon einige Tage vor dem Fest geschlachtet – wenn sie nicht schon vorher, was nicht selten vorkam, dem Bauern heimlich aus dem Stall geholt worden war.

AUF DEM WEIHNACHTSTELLER

Lebkuchen – die »praunen Küchlein«

Wie alle christlichen Feste hat auch Weihnachten, das große Fest am Ende eines Jahres, nicht nur eine spirituelle Seite. Schon immer sind mit Weihnachten auch Gaumenfreuden verbunden, die von Weihnachen nicht wegzudenken sind.
Neben dem Gans- und Entenbraten sind es vor allem die feinen Backspezialitäten, die uns dieses Fest versüßen. Nach einer alten Tradition, die bis ins Mittelalter zurückreicht, sind Lebkuchen das Weihnachtsgebäck schlechthin. Auch wenn sie heute schon seit September vom Handel angeboten wurden, schmecken sie doch erst richtig an Weihnachten, zumal wenn sie selbst gemacht werden. Dann durchströmt schon vor den Festtagen ihr verführerischer Duft von Anis, Zimt und Nel-

Plätzchen in reicher Vielfalt

ken die Wohnung. Was in die schmackhaften Lebkuchen sonst noch an Gewürzen und in welcher Menge hineinkommt, ist bei allen Weihnachtsbäckern ein streng gehütetes Geheimnis. Das älteste deutsche Kochbuch, das 1482 in Nürnberg gedruckt wurde, nannte als Zutaten der »praunen Küchlein« nur Mehl, Honig, Eier, Wein und Gewürze. Die Herstellung der Pfefferkuchen, wie die Lebkuchen auch genannt werden, war früher eine Spezialität der Klöster, die sich aufgrund internationaler Kontakte die für die Lebkuchenherstellung nötigen Gewürze beschaffen konnten. Schon bald verlagerte sich die Lebkuchenbäckerei aber in das bürgerliche Handwerk und wurde ein Privileg eines besonderen Berufsstandes, des Lebzelters, der meist auch Wachszieher war. So gab es in München im 16. Jahrhundert 20 Lebzelter. Zu einer Metropole der Lebkuchenherstellung wurde schon vor 500 Jahren neben Basel und Straßburg die alte Reichsstadt Nürnberg, vermutlich, weil dort reichlich Honig zur Verfügung stand. Der importierte Rohrzucker war zu kostbar für die Lebkuchenherstellung. Nürnberger Lebkuchen, bis heute weltweit eine Spezialität, wurden natürlich auf dem Christkindlesmarkt angeboten. Nach München kamen die fränkischen Lebkuchenhändler erst 1803, was von den dortigen Kollegen nicht gerade begrüßt wurde. Allmählich beherrschten auch adelige und bürgerliche Hausfrauen die hohe Kunst der Lebkuchenbäckerei. Was heute weithin in Vergessenheit geraten ist: Früher wurden in die Lebkuchen mit Hilfe von Modeln Muster und Verzierungen eingeprägt, was sie zu kleinen Kunstwerken machte. Deshalb hängte man sie als Schmuck auch an den Christbaum.

Freude beim Plätzchenbacken

Plätzchen und Christstollen

Neben den Lebkuchen kommen zum Fest noch weitere Köstlichkeiten aus der Backstube auf den Tisch. Wo man Weihnachtsgebäck nicht beim Bäcker oder im Supermarkt kauft, gehört zur Adventszeit auch die häusliche Weihnachtsbäckerei. Gefordert ist dabei vor allem die Mutter, assistiert von den Kindern, die unbedingt beim Plätzchenbacken mithelfen wollen. Das Auswallen des Teiges und das Ausstechen mit Modeln macht ihnen den größten Spaß. Nach alten Familienrezepten entstehen in der Backstube eine Vielzahl von Plätzchen, Anislaiberln, Vanillekipferln und Zimtsternen, das Spritzgebäck und Schokoladenbrot – alles Köstlichkeiten, die seit der Biedermeierzeit zur Weihnachtsfreude beitragen.
Zum klassischen Weihnachtsgebäck gehört nach einer alten Tradition der Christstollen, eine verfeinerte Form des bäuerlichen Kletzenbrotes. Er ist ein Gebildbrot und symbolisiert in seiner länglichen Form die Wiege, in die das Christkind gelegt wurde. Am berühmtesten ist der sächsische Christstollen, den die Landesherren gerne an ihre gekrönten Verwandten in aller Welt verschenkten. Christstollen müssen schon frühzeitig gebacken werden, da sie zwei bis drei Wochen brauchen, um das volle Aroma zu entfalten. Zu all diesen Leckereien, zumal wenn's draußen recht

kalt und ungemütlich ist, schmeckt ein Glas heißer Punsch oder Glühwein. Weihnachten war eben schon immer ein Fest, bei dem neben der Seele auch die Sinne zu ihrem Recht kommen.

DER CHRISTBAUM IN DER STUBE

Ohne den Christbaum können wir uns Weihnachten gar nicht mehr vorstellen, er gehört einfach zu einer deutschen Weihnacht. Er ist der Mittelpunkt des Weihnachtszimmers, wenn sich um ihn die ganze Familie versammelt – behängt mit Glaskugeln, mit Plätzchen, Lebkuchen und Äpfeln, mit Strohsternen und Wachsmodeln und bunten Figuren aus dem Erzgebirge und besteckt mit Kerzen – je nach Geschmack. Der Christbaum bringt erst Weihnachtsstimmung in die Wohnungen.

Besinnliche Weihnacht

Der Christbaum ist als Weihnachtsbrauch noch nicht sehr alt. Seine Wurzeln liegen in der schon vor 500 Jahren bekannten Sitte, in der Zeit der Wintersonnenwende einen grünen Baum oder auch Zweig ins Haus zu holen. Dieser Brauch war im Elsass bereits im 16. Jahrhundert verbreitet, erregte aber den Ärger der Waldbesitzer, die eine Ausplünderung der Wälder befürchteten.

Von einem geschmückten Baum erfahren wir erstmals aus einem Reisetagebuch aus dem Jahre 1605, wo sich die Notiz findet: »Auf Weihnachten richtet man Dannenbäum zu Straßburg in den Stuben auf, daran henket man Rosen aus vielfarbigem Papier geschnitten, Äpfel, Oblaten, Zischgold, Zucker etc.«

Im 17. und 18. Jahrhundert verbreitete sich der Christbaum allmählich in den Städten, gefördert von den Herrscherhäusern. An kleine, mit Kerzen besteckte Buchsbäumchen kann sich Liselotte von der Pfalz erinnern, die in ihrer Jugend am Hannoveraner Hof in der Zeit um 1600 aufgestellt wurden. In Bayern waren es die Wittelsbacher, die sich für den neuen Brauch begeisterten. So brachte Königin Therese, die aus Sachsen stammende Gemahlin von König Ludwig I., im Jahr 1830 erstmals einen Lichterbaum in die Münchner Residenz. Dasselbe wird von der ebenfalls protestantischen Königin Karoline, der Gattin von Maximilian I. Joseph, berichtet.

Das königliche Vorbild wurde vom Adel und später vom einfachen Volk nachgeahmt. Seinen Siegeszug trat

der Christbaum an, als bayerische Soldaten im Deutsch-Französischen Krieg 1870/71 auch bei anderen deutschen Truppen das grüne Bäumchen kennenlernten. Am Heiligabend wurden in den Lazaretten, Quartieren und Unterständen überall Christbäume entzündet. Von Kaiser Wilhelm I. weiß man, dass er 1871 den Heiligen Abend in Versailles unter einem geschmückten Baum verbrachte, was sehr zur Verbreitung des deutschen Brauches in ganz Europa beitrug.
Im katholischen Bayern stand man dem Christbaum bis Anfang des 20. Jahrhunderts auf dem Land ablehnend gegenüber. Man konnte sich erst allmählich mit dem »protestantischen Zeug« aus dem Norden anfreunden.

CHRISTKINDL IN BROKAT UND SEIDE

Bitte um Kindersegen

Von 50 blühenden Christkindl-Wallfahrten in Europa sind heute nur noch einige wenige übrig geblieben. So weiß man, dass es im niederbayerischen Schildthurn schon vor über 300 Jahren eine Jesuskind-Wallfahrt gab. Hauptsächlich waren es fromme Pilgerinnen, die nach St. Ägidius kamen und um Kindersegen flehten. Dabei knieten sie vor einer Wiege mit einem gefatschten Kindl nieder und hutschten es. Wenn sich kein Nachwuchs einstellen wollte, kam die Wiege gar oft ins Schwanken.
Erhalten hat sich der fromme Brauch bis heute, jeweils am zweiten Adventssonntag, in dem kleinen Ort Ringelai bei Grafenau im Bayerischen Wald. Dort wurde eine vor 250 Jahren entstandene Christkindl-Wallfahrt in den letzten Jahrzehnten wieder belebt. Die Wallfahrt geht auf die Kopie eines ungarischen Gnadenbildes zurück, die in die Pfarrkirche gelangte. Das Bild zeigt die Muttergottes mit dem Jesuskind, das auf einem Strohbettchen liegt.

Innige Christkindvisionen

Die große Zeit der Jesuskind-Verehrung war im Barock und im Rokoko, ihre Ursprünge reichen aber bis ins Mittelalter zurück. Vom Zisterziensermönch Bernhard von Clairvaux (1090–1153) erzählt man sich, dass er einmal in einer Weihnachtsnacht die Geburt des Jesusknaben geschaut habe, der »schöner an Gestalt als alle Menschenkinder« war.
Im 13. Jahrhundert kam es zu einem enormen Aufblühen der Frauenklöster und damit verbunden der Frauenmystik. Drei Mystikerinnen aus dem thüringischen Kloster Helfta sind uns namentlich bekannt, die wundersame Erscheinungen hatten. Es sind dies Mechthild von Magdeburg, Mechthild von Hackedorn und Gertrud die Große, die in einer Vision den Jesusknaben als ein eigenes Kind zu erkennen glaubte. Aus dieser Spiritualität entwickelten sich im 14. Jahrhundert Legenden zur Kindheitsgeschichte Jesu, in denen die Nonnen die nicht selbst erlebte Mutterschaft in der liebevollen Fürsorge für den Jesusknaben kompensierten.

Gnadenbilder

Die im Mittelalter begründete Jesuskind-Verehrung lebte nach den Wirren der Reformation und den Schrecken des Dreißigjährigen Krieges zu neuer Blüte auf, gefördert auch durch Krippenlieder, z. B. von dem Jesuiten Friedrich von Spee aus Köln, der das noch heute bekannte Lied »Zu Bethlehem geboren ist uns ein Kindelein« dichtete.

In dieser gefühlsseligen Zeit entstanden auch Gnadenbilder des Jesuskindes. Eines der berühmtesten ist das Loreto-Kindl aus dem Kapuzinerinnenkloster in Salzburg. Die österreichische Kaiserin Elisabeth und zahlreiche Fürstinnen beschenkten das »Lauretanische Gnadenprinzchen« mit wertvollen Gewändern und kostbarem Perlenschmuck.

Fatschenkindl in Spanschachtel

Ein stehendes Christkindl ist das Prager Jesulein, das bis heute in der Karmelitenkirche Santa Maria de Victoria in der Stadt an der Moldau verehrt wird. Wie von dem Salzburger Loreto-Kindl gibt es von ihm eine Vielzahl von Gewändern, die nach den liturgischen Farben im Kirchenjahr gewählt werden. Neben vielen Orten in Süddeutschland hat auch das schwäbische Kloster Oberschönenfeld eine Kopie des Prager Jesulein aus dem Jahr 1754. Ein anderes stehendes Jesulein, das eine Haarperücke und eine Krone trägt, befindet sich in der Klosterkirche Holzen bei Donauwörth.

Eine Sonderstellung unter den vielen Jesuskind-Darstellungen nimmt das Gnadenkind vom Kloster Reutberg bei Bad Tölz ein. Es wurde 1739 von einem Franziskaner aus Bethlehem nach Reutberg mitgebracht, der Überlieferung nach soll es lange Zeit auf dem Stern gelegen haben, der im Marmorboden der Geburtsgrotte in der Basilika von Bethlehem die Stelle markiert, wo das Jesuskind geboren wurde. Die Nonnen statteten die Jesuskind-Figur mit prächtigen Samt- und Brokatkleidern aus. In der Weihnachtszeit legten sie sie nackt und bloß auf Stroh in einer Krippe. Und so ist es bis heute der Brauch.

Kostbar geschmückte Fatschnkindl

»Himmlischer Bräutigam«, »Trösterlein«, »Haushalter«, »Kleiner König«, »Paradiesknabe« waren nur einige der dem Jesuskind zugedachten Ehrentitel. Im 18. Jahrhundert kamen zu den stehenden Figuren Darstellungen des liegenden Kindes dazu. Besonders beliebt waren die sogenannten Faschenkinder (von lateinisch »fascia« für Bündel), die auch als wächserne Votivgaben vorkommen. Bei diesen Wickelkindern war der ganze Leib eingefatscht, nur das Köpfchen blieb frei. Der Körper wurde mit spitzenverzierten und rüschenbesetzten Bändern eng umwickelt. Das wächserne Köpfchen trug ein Häubchen. Fatschenkindl wurden meist auf ein Kissen gebettet und mit mancherlei Zierrat umgeben und in einem Glaskasten zur Schau gestellt. Entstanden sind die kleinen Kunstwerke in der Zeit des Barock und Rokoko vor allem in Frauenklöstern.

Das bekannteste Fatschenkindl ist wohl das Münchner Augustinerkindl, von dem es zahlreiche Nachbildungen gibt. Zu seinem Namen kam es, weil es ursprünglich in der Klosterkirche der Augustiner (heute Jagdmuseum) verehrt wurde. Die Gläubigen brachten zu dem gnadenreichen Kindl kostbaren Schmuck und Edelsteine. In den Wirren der Säkularisation und Klosteraufhebung konnte es vor einer Zerstörung gerettet werden. 1817 wurde es auf Veranlassung von König Ludwig I. in die Bürgersaalkirche gebracht, wo es bis heute in der Weihnachtszeit zu sehen ist.

KRIPPENTRADITION IN BAYERN

Die Anfänge

Die Wurzeln unserer Weihnachtskrippe reichen zurück bis in die Frühzeit des Christentums, bis ins 4. Jahrhundert. Nach ersten Bildern von der Geburt Christi in Rom entstand im 7. Jahrhundert ein erster Nachbau der Geburtsgrotte im Abendland in der römischen Kirche Santa Maria ad Praesepe, der heutigen Basilika Santa Maria Maggiore. Vorformen der Krippe waren mittelalterliche Weihnachtsspiele, die Kleriker in Kirchen aufführten. Dabei wurde das Weihnachtsevangelium in lateinischer Sprache, später in der Volkssprache in Dialogen den Gläubigen szenisch dargeboten. Nicht in einem Sakralraum, sondern erstmals im Freien, im Wald von Greccio, feierte 1223 Franz von Assisi die Geburt des himmlischen Kindes mit hölzernem Futtertrog und Tieren. Er leistete damit einen wichtigen Beitrag für die Entwicklung der Weihnachtskrippe, gilt aber nicht als ihr Erfinder, wie immer wieder behauptet wird.
Wichtige Anregungen für unsere heutige Krippe gingen von den spätmittelalterlichen Flügelaltären in gotischen Kirchen aus, die Szenen zur Geburt des Jesuskindes zeigten. Themen waren die Verkündigung der Mutterschaft durch den Engel an Maria, die Geburt im Stall und die Verehrung der Hirten.

Das Kindleinwiegen

Von den einfachen weihnachtlichen Spielszenen war es kein großer Schritt zum »Kindleinwiegen«, einem Brauch, der seit dem 14. Jahrhundert mit großer Innigkeit in vielen Frauenklöstern gepflegt wurde. Dabei wurden von den Nonnen gewickelte, gefatschte Christkindlfiguren, meist aus Wachs, verehrt. Aus dem Brauch des Kindleinwiegens entwickelten sich schon bald Weihnachtsspiele mit Wiegenliedern, die sich großer Beliebtheit erfreuten.

Jesuskind im Kloster Reutberg

Im 15. Jahrhundert entwickelten sich aus den Bildern auf den Flügelaltären kleinformatige, vollplastische Figurengruppen, die oft Lebensgröße erreichten und in Seitenschiffen oder Kapellen der Kirchen aufgestellt wurden. So wurde die Weihnachtsbotschaft auf sehr anschauliche Weise für die Menschen, die nicht lesen konnten, sinnlich erfahrbar. Krippen mit beweglichen Figuren, wie wir sie heute kennen, entstanden erst im 16. Jahrhundert, im Reformationszeitalter. Eine erste anschauliche Schilderung einer Krippendarstellung aus dem Jahre 1571 verdanken wir der Wittelsbacher-Herzogin Maria, einer Tochter von Herzog Albrecht V. von Bayern, die nach Graz geheiratet hatte. Sie führte mit ihrem Bruder Herzog Wilhelm V., dem Frommen, einen lebhaften Briefwechsel auch wegen Krippenfiguren. So schrieb sie: »Ich hab dein schreiben samt den 8 enngeln und den oxen esl wol empfangen und bin im herzen zornig auf dich, das du mir geschriben hast, die engln sein nit

Krippen mit Figuren

schön; mich gedunckt, es were nit miglich, das si schenner sein kindten; ich schick dirs gewis nimer, sie gefalen mir wol.«
In einem anderen Schreiben erklärt die bayerische Herzogin ihrem Bruder, dass ihr bekleidete Figuren am besten gefallen. Damit passte sie sich ganz dem damaligen Zeitgeschmack an. Die geschnitzten Figuren wurden nunmehr mit Vorliebe mit Kleidern aus kostbaren Stoffen ausgestattet, ganz im Stil der Barockzeit. Die bekleideten Krippenfiguren in der herzoglichen Residenz fanden schon bald Nachahmung, nicht nur in den Kirchen und Klöstern, sondern auch beim Adel.

Förderung durch die Wittelsbacher

Als erste Förderer des Krippenbrauches tat sich im süddeutschen Raum der herzogliche Hof in München hervor, angeregt durch die Jesuiten, die im Zuge der Gegenreformation 1549 von Rom nach München gerufen wurden und den in Bayern noch unbekannten Krippenbrauch aus Süditalien, vor allem aus Neapel, über die Alpen brachten. Die Krippe war für die Jesuiten eine Form des »theatrum mundi«. In der Krippe mit ihren Figuren, Formen, Farben und Kulissen sahen sie ein kleines Welttheater, vor allem aber eine große Hilfe, um den alten katholischen Glauben zu fördern und zu vertiefen.

Krippe von J. B. Straub und F. X. Schmädl, um 1740, Klosterkirche Dießen

Eine der ersten großen Krippen stellten die Jesuiten 1553 in einer Prager Kirche auf. Gut 50 Jahre später, im Jahre 1607, wird erstmals von einer Krippe in der neu erbauten Münchner Michaelskirche berichtet, die Herzog Wilhelm V. gestiftet hatte.
Neben den Jesuiten begeisterten sich auch die Franziskaner für die Krippe, besonders in den Nonnenklöstern. Bald gab es kein Damenstift mehr in Bayern und Tirol, das keine Krippe hatte. Ein herausragendes Beispiel ist die bekannte Krippe im Franziskanerinnenkloster Reutberg in Oberbayern mit dem prachtvoll gekleideten Christkindl.

Kostbare Barockkrippen

Eine der ältesten und bis heute bedeutendsten Barockkrippen entstand im 17. Jahrhundert im Benediktinerinnenkloster Frauenchiemsee. Ihre Anfänge reichen bis in das Jahr 1627 zurück, in die Zeit des Dreißigjährigen Krieges mit Pest und Hungersnot. In diesen schrecklichen Jahren wollte Magdalena Haidenbucher, die damalige Äbtissin des Inselklosters, mit einer Krippendarstellung den Menschen neuen Mut, Trost und Hoffnung zusprechen. So entschloss sie sich, sehr kostspielige, wertvolle Schnitzfiguren bei heute unbekannten Meistern in Auftrag zu geben. Die Krippe fand bei den einfachen Men-

schen großen Anklang. Deshalb konnte die Äbtissin in ihrem Tagebuch vermerken: »Das gemain Volk« habe dort täglich große Andacht gezeigt.
Bei der großen Barockkrippe von Frauenwörth handelt es sich um eine liturgische Krippe. Sie beschränkte sich auf Darstellungen aus der Heiligen Schrift und vermied alles überflüssige Beiwerk, ganz im Gegensatz zu den süditalienischen und sizilianischen Krippen. Die Zahl der Figuren wurde immer wieder vermehrt, von denen nur ein Teil erhalten blieb. Die noch vorhandenen Figuren werden nunmehr nach einer gründlichen Restaurierung in der Weihnachtszeit in einer geräumigen Seitenkapelle des Münsters von Frauenchiemsee aufgebaut.

Verbot der Krippen

In der Zeit der Gegenreformation wurden nicht nur die Kirchen überschwänglich mit barockem Dekor ausgestattet, die Prachtentfaltung hielt auch Einzug in den Krippen. Ganz im Stil der Zeit kam in die Krippen viel weltliches Beiwerk, das mit der Armut im Stall von Bethlehem nicht das Geringste zu tun hatte.
Wegen dieser und anderer Auswüchse wurde im Jahre 1670 ein erstes Verbot erlassen, Krippen in Kirchen aufzustellen. Damit wollte man auch den Besucherandrang etwas reduzieren. Gut 100 Jahre später erließ der aufgeklärte österreichische Kaiser Joseph II. schließlich ein totales Aufstellungsverbot. Diesem Edikt schloss sich 1802 auch die kirchenkritische kurfürstliche Regierung in Bayern an.
Die Verbote bewirkten aber kein Aussterben der Krippentradition, sondern führten dazu, dass die Krippen fortan in Bürgerhäusern und später in Bauernhäusern aufgestellt wurden. Zahlreiche barocke Kirchenkrippen erhielten in Privathäusern ein vorübergehendes Asyl. Es entstand ein gesteigerter Bedarf an guten Figuren, und unbekannte Künstler schufen Meisterwerke, die noch heute in Kirchen und Museen zu bewundern sind. Auch auf dem Land entwickelten sich Zentren der Krippenherstellung, so in Berchtesgaden und Oberammergau, wo bis heute in den Schnitzstuben Figuren und Krippenställe von bester handwerklicher Qualität entstehen.
Entgegen der Hoffnung der Regierung kam es in den katholischen Regionen von Altbayern, Tirol und Franken im 19. Jahrhundert zu einer ungeahnten Krippenbegeisterung in Stadt und Land. Die Geburt des göttlichen Kindes wurde nunmehr in die heimatliche Situation transponiert und um volkstümliche Szenen bereichert. Es entstanden die vertrauten Heimatkrippen mit Bergen, Flüssen, lokalen Hof- und Hausformen und – was besonders beliebt war – mit Figuren in heimatlicher Tracht. Die Krippenlandschaft war zu einem Abbild der Heimat geworden. Zu dieser Heimatkrippe trat neu die orientalische Krippe hinzu. Sie veranschaulicht die Geburtsszene in der landschaftlichen Umgebung des Heiligen Landes. Beide Stile haben bis heute ihre Anhänger.

Weltberühmte Krippensammlung

Wenn wir so gut über die Krippenkunst der vergangenen Jahrhunderte Bescheid wissen, so verdanken wir das besonders dem Münchner Kommerzienrat Max Schmederer, der in der zweiten Hälfte des 19. Jahrhunderts eine leidenschaftliche Sammlertätigkeit entfaltete. Er steckte in den Ankauf kostbarer Krippen aus Neapel, Sizilien und Tirol sein ganzes Erbe: Sein Vater war Mitinhaber der Münchner Paulaner-Brauerei und vermachte seinem Sohn ein großes Vermögen. So konnte er auf Märkten und Auktionen wahre Meisterwerke der Krippenkunst erwerben, die er zunächst in seinem Münchner Haus aufbewahrte. Bis zum Jahre 1901 übergab er seine einmalige Sammlung mit 6000 Figuren – einen Schwerpunkt bilden die neapolitanischen und sizilianischen Krippen – als Schenkung an das Bayerische Nationalmuseum.

Die weltweit einmalige Sammlung des Münchner Krippenfreundes hat heute im Nationalmuseum einen festen Platz, sie ist das ganze Jahr ein Treffpunkt für alle Krippenfreunde, besonders natürlich in der Advents- und Weihnachtszeit. Die großflächige Krippenschau demonstriert eindrucksvoll die große Krippentradition in unserer Heimat und auch in anderen Ländern, die keineswegs museal ist. Für immer mehr Menschen gehört zu Weihnachten die Krippe, die Veranschaulichung der Geburtsszene von Bethlehem. Im Münchner Nationalmuseum erschließt sich den Besuchern die faszinierende Welt der Krippen.

STEPHANIRITT NACH WEIHNACHTEN

Die weihnachtliche Besinnlichkeit weicht am zweiten Weihnachtstag etwas der harten Realität. Am 26. Dezember wird das Namensfest des heiligen Stephanus gefeiert, der als der erste Blutzeuge der Christenheit verehrt wird. Er ist der Patron vieler Kirchen und Kapellen sowie der Dome in Passau und Wien.

Nach einem alten Brauch finden am Stephanitag an vielen Orten unseres Landes Pferdeumritte zu Ehren des hochverehrten Viehpatrons. Von den vielen früheren Umritten und Pferdesegnungen haben sich einige bis heute erhalten, so in Mörlbach bei Aufkirchen am Starnberger See, im mittelfränkischen Spalt, in Oberhaching bei München, in Erharting bei Mühldorf und in Tutzing bei Starnberg. Das Ziel der Ritte, an denen auch die Geistlichkeit im priesterlichen Ornat hoch zu Ross teilnimmt, ist immer eine Stephanskirche, an der Pferde und Reiter den kirchlichen Segen erhalten. Trotz oft grimmiger Kälte und winterlichen Wetters erfreuen sich die traditionellen Ritte zunehmender Beliebtheit.

Stephaniritt, Mörlbach

Mit dem Stephanitag klingt das Weihnachtsfest allmählich aus. Man macht Besuche bei Verwandten und Freunden und fährt in den Skiurlaub. Für viele gehört zu diesem Tag das Kripperlanschauen in Kirchen und bei Freunden. Der Blick richtet sich nun schon auf die Jahreswende, auf Silvester und Neujahr.

AUSKLANG DES JAHRES

Nach dem gregorianischen Kalender endet ein Jahr am 31. Dezember und beginnt am 1. Januar. Papst Innozenz XII. legte 1691 den letzten Tag des Jahres auf das Namensfest von Papst Silvester I. fest. Trotzdem galten Weihnachten oder Dreikönig vor allem in ländlichen Regionen noch lange Zeit als Jahresbeginn.

Die Silvesternacht

Die Silvesternacht, die Nacht am Übergang vom alten zum neuen Jahr, zählt zu den zwölf Rau- oder Rauchnächten und gilt als wichtige Losnacht, in der man schon immer etwas über das beginnende Jahr zu erfahren hofft. Ganz in der Welt des Aberglaubens bedient man sich dabei bis heute regional recht unterschiedlicher Hilfsmittel, die fern jeglicher wissenschaftlichen Seriosität sind. Erinnert sei nur an die vielen Horoskope und Vorhersagen, die man zur Zeitenwende in vielen Zeitungen finden kann. Nur der Unterhaltung dient das Bleigießen, das in der Silvesternacht im Freundeskreis zelebriert wird. Dabei bringt man etwas Blei über einer Kerzenflamme zum Schmelzen und schüttet es dann in kaltes Wasser. Die beim Erkalten entstehenden Formationen der Bleimasse versucht man, als Hinweise für das neue Jahr zu deuten. In der Oberpfalz und im Bayerischen Wald versuchten junge Mädchen auf recht simple Weise, einen Blick auf das neue Jahr zu gewinnen. Man schnitt in der Silvesternacht einen Apfel durch und schloss aus der Zahl der Kerne auf die Heiratschancen im kommenden Jahr. Eine gerade Zahl wurde als Hinweis auf eine baldige Heirat gedeutet. Auf ähnliche Weise testeten früher in Franken junge Mädchen ihre Aussichten, indem sie wie in der Andreas- und Thomasnacht lange Apfelschalen über Kopf und Schulter warfen. So wollten sie herausbringen, aus welcher Richtung der heiß ersehnte Bräutigam kommen werde.

Das alte Jahr hinausschießen

Viel seriöser ist da der alte Silvesterbrauch, der auf dem Land noch gepflegt wird: das Ausräuchern am Abend. Wie in der Dreikönigsnacht werden das Wohnhaus, der Stall und die Scheunen mit Weihrauch ausgeräuchert, auf den man auf glühende Kohle streut. Im Berchtesgadener Land haben die in Vereinen organisierten Schützen an Silvester ihren großen Tag, ebenso wie in der Heiligen Nacht. Nach einem genau festgelegten Reglement schießen sie das »alte Jahr hinaus« und begrüßen das neue mit zahllosen Salutschüssen. Wenn um Mitternacht im ganzen Tal die Glocken von den Türmen läuten, halten sie mit ihrem Schießen inne und wünschen sich gegenseitig ein gutes neues Jahr.
Ein Silvesterbrauch besonderer Art ist im Passionsspieldorf Oberammergau feste Tradition, wo am Abend zwei Gruppen, angeführt von einem großen beleuchteten Stern, durch die Straßen ziehen. Dabei singen sie an zehn Plätzen traditionelle Weihnachts- und Neujahrslieder. Den Abschluss bildet jeweils ein großer Tusch und der laute Ruf: »A guat's neu's Jahr!« Die Erwachsenen kommen vor dem Passionsspielhaus zum »Großen Sterngang« zusammen, die Kinder ziehen im »Kleinen Sterngang« von Haus zu Haus und sagen und singen ihre guten Wünsche für das neue Jahr. Dafür erhalten sie Süßigkeiten und kleine Geschenke.

Gute Wünsche für das neue Jahr

In den Stunden des Übergangs vom alten zum neuen Jahr ist es allen, die sich in gemütlicher Runde in der Familie, im Freundes- und Bekanntenkreis zusammengefunden haben, ein Bedürfnis, gute Wünsche auszusprechen. Voller Zuversicht wünscht man sich »a guats neus Jahr« und stößt darauf mit »Prosit Neujahr!« an.
Besonders viel hielt man früher auf die Glückwünsche von Kindern, die dafür von Paten und Nachbarn mit Süßigkeiten belohnt wurden. Kleine Aufmerksamkeiten erhielten auch die Dienstboten der Bauern und die Armen in den Dörfern nützten das Neujahrswünschen zu Heischegängen und zogen von Haus zu Haus, was aber oft Anlass zu Ärger gab.
Inmitten des Lärms von Leuchtraketen und Krachern können sich kaum die Glocken und die Bläser, die von den Türmen und auf öffentlichen Plätzen feierliche Weisen anstimmen, durchsetzen. In der Oberpfalz tat dies früher ein Nachtwächter, der mit Hellebarde und Horn durch die Straßen zog und seine Glück- und Segenswünsche in die Neujahrsnacht hinein rief. Aus Vilseck bei Grafenwöhr ist folgender Spruch überliefert:

»Das alte Jahr vergangen ist, das neue Jahr beginnt,
wir danken Gott zu dieser Frist, wohl uns, dass wir noch sind.

Wir schau'n auf's alte Jahr zurück und haben frohen Mut:
Ein neues Jahr, ein neues Glück, die Zeit ist immer gut.

Wacht auf, ihr Christen alle, heut' zu diesem Fest,
von Herzen wünschen wir für euch allzeit das Allerbest'!

Der Herr und d'Frau soll'n leben stets in Ergötzlichkeit,
Gott wird euch schenken nach der Zeit auch die Glückseligkeit.«

Alte Turmbläserweise

Prosit Neujahr!

LITERATURVERZEICHNIS

Bichler, Albert: Die vierzehn Nothelfer. Augsburg 1998.
ders.: Kommt die Heilige Nacht. Dachau 2005.
ders.: Wie's in Bayern der Brauch ist. München 2006 (4. Aufl.).
ders.: Freunde im Himmel. Mit bayerischen Heiligen durchs Jahr. München 2009.
ders.: Wallfahrten in Bayern. München 2010 (2. Aufl.).
Fanderl, Wastl: Das alte Jahr vergangen ist. Alte Turmbläserweise, in: Annamirl Zuckaschnürl. Altbayerisches Liederbuch. München 1986.
Gajek, Esther: Adventskalender von den Anfängen bis zur Gegenwart. München 1995.
Gockerell, Nina: Krippen im Bayerischen Nationalmuseum. München 1993.
Gockerell, Nina (Hrsg.): Weihnachtszeit. Feste zwischen Advent und Neujahr in Süddeutschland und Österreich 1840–1940. München 2000.
Guggenmos, Josef: Am Barbaratag, in: Ich will dir was verraten. Weinheim 1999.
Henker, Michael u.a. (Hrsg.): Hört, sehet, weint und liebt. Passionsspiele im alpenländischen Raum. München 1990.
Kapfhammer, Günther: Brauchtum in den Alpenländern. München 1977.
Kiesselbach, Dorothee: Totenbretter, in: Unbekanntes Bayern. Verborgene Heimat. München 1956.
Moser, Hans: Volksbräuche im geschichtlichen Wandel. München 1985.
Moser, Dietz-Rüdiger: Bräuche und Feste durch das ganze Jahr. Freiburg 2002.
Roth, Hans: Marterlsprüch. München 1984 (7. Aufl.).
Saint-Exupéry, Antoine de: Der Kleine Prinz. Düsseldorf 1956.
Schillinger, Claudia: Osterbrunnen. Ausbreitung eines oberfränkischen Brauchtums. Bamberg 1991.
Schneider, Herbert: Allerheiligentag, in: Suibababierl. Pfaffenhofen/Ilm 1970.
Werner, Richilde und Paul: Weihnachtsbräuche in Bayern. Kulturgeschichte des Brauchtums vom Advent bis Heilig Dreikönig. Berchtesgaden 1999.
dies.: Vom Marterl zum Gipfelkreuz. Flurdenkmale in Oberbayern. Berchtesgaden 2006 (2. Aufl.).

IMPRESSUM

Unser komplettes Programm:
www.j-berg-verlag.de

Produktmanagement: Kerstin Thiele
Lektorat: Petra Hirscher, Augsburg
Layout: Eva-Maria Klaffenböck, München, www.atelier-luk.de
Repro: Cromika, Verona
Herstellung: Barbara Uhlig
Printed in Italy by Printer Trento

Alle Angaben dieses Werkes wurde von dem Autor sorgfältig recherchiert und auf den aktuellen Stand gebracht sowie vom Verlag geprüft. Für die Richtigkeit der Angaben kann jedoch keine Haftung übernommen werden.
Für Hinweise und Anregungen sind wir jederzeit dankbar. Bitte richten Sie diese an:
J. Berg Verlag
Postfach 400209
D-80702 München
E-Mail: lektorat@verlagshaus.de

Bildnachweis: Alle Fotos im Innenteil und auf dem Cover von Lisa und Wilfried Bahnmüller, Geretsried, außer S. 85 Martin Siepmann.
Umschlagvorderseite: Almabtrieb Geitau, Bayrischzell
Umschlagrückseite: Landshuter Hochzeitzug

Die Deutsche Nationalbibliothek verzeichnet diese Publikation in der Deutschen Nationalbibliografie; detaillierte bibliografische Daten sind im Internet über http://dnb.d-nb.de abrufbar.

ISBN 978-3-86246-010-6